'방편'으로서의 한일관계를 넘어서

'방편'으로서의 한일관계를 넘어서

지은이 유불란

초판 1쇄 인쇄 2023년 9월 20일
초판 1쇄 발행 2023년 9월 30일

펴낸곳 논형
펴낸이 소재두
편집 심재진 김형진

등록번호 제2003-000019호
등록일자 2003년 3월 5일
주소 서울시 영등포구 당산로 29길 5-1 502호
전화 02-887-3561
팩스 02-887-6690

ISBN 978-89-6357-984-9 93300
정가 18,000원

'방편'으로서의
한일관계를 넘어서

혐오와 야합의 시대,
성신지교(誠信之交) 다시 돌아보기

유불란 지음

지은이 소개

지은이 유불란은 서울대학교 정치학과를 졸업한 뒤 국비유학생으로 도일, 도쿄대학 법학정치학연구과에서 일본정치사상사를 공부하면서, 1883년부터 1943년이라는 동아시아 근대의 가장 핵심 시기에 대한 방대한 일기를 남긴 윤치호와 만나게 되었다. 그리고 당시 한중일과 미국 사이에 형성되어 있던 국제적인 커뮤니케이션 네트워크상의 핵심적인 연결고리 역할을 하던 그를 통해, 어떤 고정된 교설이 그저 일방적으로 전파·수용된 것이 아니라, 문명화와 관련된 유동적인 의견들이 흘러들고 또 흘러 나가면서 윤치호를 비롯한 동아시아의 문명론 수용자들이 그런 능동적인 논의과정에서 어떤 '계산'을 거쳐 문명화지상론의 길을 결단하게 되는지를 추적해 박사학위를 받았다. 이후 경희대 공공거버넌스 연구소 및 서강대 글로컬사회문화연구소를 거쳐 현재는 서울대 LnL(기숙형 대학) 시범 사업단에서 전담교수로 재직하면서, 학위논문 이래의 문제의식인 동아시아 단위의 사상적 상호작용의 분석과 그에 입각한 동아시아 공동체 문제에 천착하고 있다. 논문으로는 「정체성이라는 전략」(2022) 및 Whose Law to Apply? -Kwon I-jin's Official Report of a 1707 Waegwan Legal Dispute(2020)와 「정한론, 혹은 방편으로서의 '조선'」(2018) 등이, 저서로는 『역사화해의 이정표 1 : 이론적 기초를 찾아서』(2020) 및 『한국의 정치와 정치이념』(2018, 공저) 등이 있다.

CONTENTS

[들어가며]
교훈담을 넘어서

교훈담을 넘어서

– 한일관계가 그려온 역사적 궤적으로부터 무엇을 배울 것인가?

들어가며

그래서, 대체 한일관계를 어찌해야 한다는 겁니까?

비단 저뿐 아니라 일본을 연구하는 사람이라면 누군가에게 제 소개를
할 때마다 겪게 되는 통과의례 같은 과정이 있습니다. 자신의 연구 주제가
일본 어느 시기의 무엇이든 간에, 결국 매양 이러저러한 이슈가 있기 마련인
한일관계를 어찌 풀어나가면 좋겠냐는 질문으로 귀결되고야 말 터입니다.
그런데 한국 사람치고 한일관계에 관해서라면 나름 전문가가 아닌 사람이
없을 정도이니, 어떤 식으로, 또 얼마만큼 전문적인 내용을 담아 답하는 것이
적절할지 고민이 될 밖에요.

이 작은 책은 어떤 전문적인 학술서라기보다는 그간 한일 두 나라가 서로를 다뤄오며 남겨 온 역사적 궤적 속에서 나름의 일관된 맥락을 찾고자 노력해 온 연구자로서, 한일관계에 대해 고민하는 대중 독자들께 어떤 생각의 재료를 제공해 드릴 수 있을까 정리해 본 일종의 사고 노트라 할 수 있습니다. 그런데 이렇게 역사적 궤적 운운하는 순간, 요컨대 케케묵은 한일 간의 역사적 에피소드들을 적당히 포장해 되풀이하려는 것이 아닌가란 질문이 제기될 법합니다. 저 자신을 포함해 역사로부터 배워야 한다는 구호는 이미 신물나게 들어온 터입니다. 하물며 그 대상이 일본이라면 이미 '정답', 즉 식민지의 아픈 경험으로 귀결된 지난날 우리 자신의 잘못과 저들의 언제 되살아 날지 모를 야욕을 망각해선 안 된다는 '교훈'이 암묵적으로 정해져 있다시피 할 터입니다. 그러한 판에 박힌 이야기를 여기서 왜 또 들으랴, 이런 피로감이겠지요.

이제부터 저는 역사적인 사례들을 통해 한일관계에서 되풀이되어온 '방편적 사고'라 고 하는 것을 보여드리려 합니다만, 그렇다고 이런 식의 교훈담을 되풀이하고픈 생각은 전혀 없습니다. 오히려 한일관계에 대한 통상적인 교훈담 식 접근이 갖는 문제점이야말로 제가 이 책을 집필하게 된 또 하나의 주요한 동기입니다. 사실, 특정한 대상이 대중적으로 소비되다 보면 어느새 그 이미지에 과도할 정도의 선명성이 부각되기 마련이지요. 이러한 현상은 한국에서의 일본 관련 스토리텔링에서 아주 전형적으로 나타나는데, 즉, 한편에선 앞서와 같이 과거의 갈등에만 시선을 고정시킨 채 경계심과 악마화만을 고집하려 든다면, 반대로 다른 편에선 그런 갈등에 대해선 아예 눈을 돌려

버린 채 현실주의를 명분 삼은 공조의 논리만을 앞세우는 형편입니다.

이런 식의 단순화는 현실을 제대로 담아내지 못하고 있다는 점에서도 문제지만, 그 진정한 폐해는 이렇게 단순화된 이미지가 선명해지면 선명해질수록 실제로 무엇이 문제가 되는지를 살펴보려는 생각 자체를 못하게 만들어버린다는 데 있습니다. 한 가지 구체적인 사례를 들어보지요.

'아메노모리 호슈雨森芳洲'냐 '우삼동雨森東'이냐

한일관계에 대한 신문 기사나 대중 보도를 접하다 보면 한 번쯤은 아메노모리 호슈(1668~1755)라는 이름과 마주치게 될 터입니다. 대략 숙종 때부터 영조 시대 즈음에 조선과 도쿠가와德川 막부 사이의 외교교섭 시, 일본 측의 외교 업무를 전담하는 실무기관 격이었던 쓰시마 번의 통역 겸 외교관으로 활동했던 사람입니다.

관련 연구자의 입장에서야 당시 조선과 일본 사이의 교섭사를 분석하는 데 나름 무시하기 어려울 정도의 중량감을 지닌 인물임에 분명합니다. 하지만 그렇다고 이 아메노모리라 하는 외교 실무자가 이토록 대중적으로 회자될 만한 인물이냐고 묻는다면 거기에 대해선 솔직히 의문을 감추기 어렵습니다. 실제로 비교적 최근까지도 심지어 일본에서조차 대중적으로는 물론, 학계에서도 해당 연구 분야 바깥에선 그리 주목받은 적이 없던 존재였습니다. 그런데 1990년, 그러니까 기왕의 냉전 구도 하에서의 한일관계를 어떻게 바꿔나갈지가 시대적 현안으로 떠오르던 바로 그 시점에, 당시 방일 중이던 노태우 대통령이 『교린제성交隣提醒』이라는 그의 저작 중 결어 부분의 '성의와 신의의 교제誠信之交'를 인용해, 이를 새로운 한일관계의 지향점이라 선언하면서 일약 아메노모리 붐이 일게 됩니다.

이후 아메노모리와 그의 '성신지교'란 표현은 사반세기 후 박근혜 대통령이 아베 총리와의 첫 정상회담을 가질 때도 다시 언급할 만큼, 오늘날 한일관계 관련 담론에서는 확고한 존재감을 확보하게 되었습니다. 하지만 문제는, 이 같은 대중화 과정에서 양심적 일본인의 상징처럼 부각된 "대표적 지한파"로서의 그의 이미지와 외교 실무자로서의 그의 실제 모습 사이에 상당한 괴리가 존재한다는 데 있습니다(조선일보 20 15/11/02).

해당 표현을 인용해 온 『교린제성』을 살펴보면, "조선인의 재능과 지혜는 일본인이 따라갈 수가 없다"며 조선 측을 높이거나 성의와 신의의 교제를 제대로 하기 위해 조선의 번거로움이 되지 않게끔 해야 한다고 단언하는 등, 상대를 배려하려는 듯 읽힐 만한 대목이 여기저기서 눈에 띄는 것이 사실입니다. 하지만, 성신지교를 역설한 바로 그 대목에서, 곧이어 이렇게 말하고 있는 대목은 어찌 이해하면 좋을까요. 그는 경고합니다. 임진 · 정유재란 후 남아 있던 일본의 무력을 앞세운 위세가 아메노모리 당대에 와서는 매우 엷어졌으니, 앞으로 쓰시마 사람들이 지금까지의 무위도 잃고 상황판단도 게을리하면 조선 측에 반드시 무시당하게 되고야 말리라고. 조선과의 업무를 담당하는 쓰시마 사람이라면 필히 유념해야 할 "마음가짐"이라고까지 그가 못 박아

둔 해당 발언은 대체 어떤 의미에서였을까요.

실은, 그 해답이 이미 해당 저작 속에 나와 있습니다. 관련해서 본문 중 한 대목에서 아메노모리 스스로가 상세한 설명을 덧붙여 두었기 때문입니다.

> 왜관이 두모포에 있을 무렵까지는 도요토미 히데요시의 조선 침략 이후 일본의 위력에 대한 두려움 같은 것이 남아 있었다. 그래서 어떤 일이든 조선인에게 생트집을 부려 밀어붙여 두면, 조선의 역관들은 곤란한 나머지 무슨 일이건 좋게좋게 주선해 되지 않을 일도 되게끔 해주었다. 그래서 마침내 쓰시마 사람들은 '사납게 으르렁거려 굴복시키는 것'이야말로 조선 측을 마음대로 휘두를 수 있는 좋은 방법이라고들 여기게 됐다. [하지만] 왜관을 초량으로 옮기고 나서는 일본의 두려움에 대한 기억도 점점 희미해져 함부로 트집을 잡거나 억지를 부려선 일을 성사시키기가 어려워졌다. 하지만 쓰시마 사람들은, 조선 측의 두려움이 희미해졌다는 건 깨닫지 못한 채 이쪽의 대처 방법이 좋지 않기 때문이라고만 생각하고 있다. (...) 그리하여 최근 한 30년 전 (1700년 무렵)부터는... 일단 그럭저럭 대처하고 있는 형편이다(아메노모리 2001:45-6).

앞서 일본인은 조선인의 재능과 지혜에 미치지 못한다고 한 표현은, 실제로는 이런 맥락 속에서 등장한 발언이었던 것입니다. 즉, 일본의 무력에 대한 두려움이 엷어져 가고 있음에도 쓰시마 사람들은 그런 시대적 추이를 제대로 헤아리고 있지 못하고 있어, 자칫하면 "이쪽과 저쪽의 입장이 역전될 염려"가 있으니 주의해야 한다는 것. 실제로 반세기쯤 전까지만 해도 칼을 뽑아 들면 벌벌 떨며 도망가던 조선인들이 이즈음에는 오히려 칼을 빼 들고 일본인들을 쫓아내는 일마저 벌어질 지경이라 그는 탄식합니다. 이런 와중에 조선 측은, 일본 측이 그때그때의 편의만을 추구해 뒷일은 생각하지 않고 벌인 일들에 대해 당장은 "순조롭게 넘어가도록 해 두고", 예를 들어 왜관 출입을 차근차근 엄격하게 통제해 나간 데서 단적으로 드러나듯 긴 안목에서 쓰시마를 통제할 "깊이 있는 계책"을 일관성 있게 밀고 나가고 있으니 우려된다는 것. 이것이 조선에 대한 칭찬처럼 들리는 구절을 통해 아메노모리가 본래 외교 실무자들을 위한 책이었던 『교린제성』에서 쓰시마의 후임자들에게 일러주려던 실제 메시지였습니다(아메노모리: 65).

그런데, 이렇게 '실제'로는, 즉 표면적인 발언 배후에 실은 여러 층의 의도와 목적이 아울러 있었다고 설명하면, 이를 마치 겉 다르고 속 다른 위선자인 양 치부해, 지금까지의 이른바 '양심적 일본인'에서 이번에는 정반대의 역시나 믿을 수 없는 '일본 놈' 취급해 버릴지 모르겠습니다. 하지만 이런 부정적인 평가 쪽에 대해서도 그에 반하는 대목들을 아메노모리에게서는 어렵지 않게 발견할 수 있습니다. 일례로, 그는 조선 통신사에게 일본의 옛 위력을 상기시키고자 임진전쟁 때 잘라 온 조선 사람들의 귀를 묻은 귀 무덤耳塚을 보여주려는 폭거에 대해, 일본 측의 무식함과 무도함無學無意이 드러날 뿐이라며 강한 어조로 비판합니다. 아울러서 도쿠가와 이에야스를 기린 닛코의 화려한 도쇼궁東照宮이나 교토의 대불을 보여줌으로써 위세를 드러내려 했던 일본 측의 셈법과는 전혀 무관하게, 오히려 도로변의 가로수가 얼마나 잘 정비되어 있는지를 두고 법령의 엄숙함 덕분이라 감탄하는 조선 측의 반응을 들어 가치관의 차이와 상대에 대한 이해의 중요성을 강조한 대목은, 오늘날의 기준에 비춰 봐도 확실히 높이 사 줄만한 배려와 상호이해의 태도일 터입니다(아메노모리: 43).

그렇다면 무엇이 '진짜' 아메노모리일까요? 상반된 면모 중에 어느 편이 '참'이고, 또 어느 편은 '거짓'인가. 이완용이나 윤치호 같은 문제적 인물들을 다룰 때 종종 맞닥트리게 되는 질문입니다. 즉, 한 사람이 갖는 심지어 서로 모순되기까지 하는 다양한 면모들이 어떻게 입체적으로 결합 되어 '이완용'이란, '윤치호'라는 독특한 그를 이루게 됐는지를 설명하다 보면, 어느 한 측면만을 '정답'으로 골라달라는 요구를 받곤 하게 됩니다. 심지어 그런 입체적 '이해'는 궁극적으로 저 매국노 무리들에게 변명거리를 줄 따름이라는 비판마저 왕왕 받지요. 하지만 아메노모리의 경우, 관련 자료들을 찬찬히 분석해 보면 어느 쪽에 대해서도, 요컨대 조선에 대한 배려의 필요성도, 자국, 즉 쓰시마 번의 국익에 대해서도 진심으로 고민했던 것으로 보입니다. 그리고 그랬던 만큼 오늘날의 한일관계 이상으로 수많은 갈등거리가 난무하던 당시 조일 교섭의 현장에서 그가 품은 각각의 당위성은 필연적으로 충돌할 수밖에 없었습니다.

이 같은 '모순'은 일본 사행 후 제출된 조선 쪽 보고서에서도 찾아볼 수 있습니다. 앞서 조선 사절에게 군이 귀 무덤을 보이려는 데 대한 아메노모리의 비판을 소개했습니다만, 관련해서 1719년의 일본 사행시 제술관製述官 직을 맡았던 신유한(1681~1752)의 『해유록海游錄』에는 교섭이 교착 상태에 빠지자 우삼동雨森東, 즉 아메노모리가 보인 "행패"에 대해 아주 상세하게 소개되어 있습니다.

종사관은 병으로 연회에 참석하지 못하고 바로 요도淀城로 가려 하니 대마도 태수가 하인을 보내 문안하고 또 세 사신이 함께 참석하길 권하였다. 우리 쪽에서는 강권할 일이 아니라고 꾸짖어 보냈다. 그러자 우삼동은 모진 사람이어서 성을 풀 데가 없어 곧 우리 쪽 역관 우두머리와 사사로운 싸움을 벌여 조선말 왜 말을 섞어가며 사자처럼 으르렁거리고 고슴도치처럼 뿔이 나서 어금니를 드러내고 눈가가 찢어질 듯 눈을 부릅뜬 채 거의 칼집에서 칼을 뽑아 들 기세였다(신유한 1974a: 554).

사정은 이러했습니다. 왜경, 즉 교토를 지나갈 때 대불사란 절에서 공식적인 환영연을 열겠다는데 대해, 조선 사신들은 그곳이 수길의 원당願堂, 즉 조선을 침략했던 도요토미 히데요시의 명복을 빌기 위해 세워진 절이라 들었다며 참석할 수 없다고 거절합니다. 그러자 곤란해진 쓰시마 측에서는 사찰에 들어가지 말고 바깥에 따로 장막을 치고 연회를 여는 등의 타협안을 내놓았지만, 그럴 경우 체면이 손상될 터인 일본 측은 물론, 특히 '원수를 잊지 않겠다는 의리'를 내세운 조선 측으로서도 이를 결코 받아들일 수 없었습니다.

결국 쓰시마 측에선 의리에 어긋나지 않음을 밝히기 위해 대불사의 중건에 대해 기록한 역사책을 찾아와, 해당 사찰의 건립 시기가 도쿠가와 이에야스가 권력을 장악한 뒤인지라 그와 사이가 좋지 못한 히데요시를 위해 이런 원당을 세웠을 리가 만무함을 주장합니다. 그러자 조선 측의 정사 홍치중과 부사 황선은, 이 정도면 원수를 잊지 않는다는 의리를 저쪽에 충분히 각인시킨 셈이고, 아울러서 쓰시마 측이 나름대로 합리적인 해명을 한 셈이니 더 이상 버티는 것도 너무 과하지 않겠느냐며 타협할 의지를 내비쳤습니다.

하지만 세 사신 중 종사관 이명언이 끝까지 수용 불가의 뜻을 고집하면서, 결국 앞서와 같은 갈등이 빚어졌던 것입니다.

이 지점에서 다른 쓰시마 사람들을 두고서는 조선을 상대할 때 '포악스럽게 으르렁거려서 굴복시키는 것强狼取勝'을 능사로 안다고 비판하더니, 정작 자신은 사자처럼 으르렁거리다 못해 칼까지 뽑아 들 지경이었다는 아메노모리의 진심이 의심스러워질 법도 합니다. 사실, 역사 속의 실제 인물로서 '우삼동'은 오늘날 대중적으로 그려지고 있는 지한파 '아메노모리 호슈'처럼 그저 덕스러운 사람도, 마냥 조선을 위해주려던 인물도 아니었습니다. 오히려 조선 측에게 우삼동은 강인한 성품鐵石肝臟을 지닌 녹록치 않은 상대로 여겨졌습니다. 이에 심지어 『해유록』의 저자 신유한은, 이별을 아쉬워하며 눈물까지 보인 그를 두고 성정이 험하고 독해 평탄치 못하고, 겉으론 문장을 한다고 핑계하면서도 마음속으로는 창칼을 품었으니, 만약 일본에서 저자에게 제대로 권력을 쥐어줬더라면 반드시 조선에 뭔가 일을 벌렸을 텐데, 다행히 제반 사정에 의해 쓰시마라는 작은 섬의 일개 서기에 불과하게 되어 안심이라는 꽤나 야박한 평가를 내릴 정도였으니까요(신유한 1974b: 19).

하지만 여기서 주의해야 할 부분은 그의 '행패'가 마냥 억지 부림의 차원에서가 아니었다는 점입니다. 실제로 앞서 대불사 교섭 시 자신이 왜 그토록 분노할 수밖에 없는지에 대해 아메노모리는 이렇게 밝히고 있습니다.

당초에 조선 사신이 원수 히데요시의 원당이란 잘못된 말을 전해 듣고 의리
상 원수의 절에 들어가지 않으려 한 데 대해서는 누가 감탄치 않겠습니까?

하지만 관백께서 이웃 나라와의 우호를 돈독히 하고자 사신에게 연회 하는 예절을 감히 정지하지 못한지라, 국사를 가지고 와 증거를 대서 히데요시의 원당이 아님을 밝혔으니 우리나라로선 조선 사신에 대해 성의를 다한 것입니다. 그런데도 지금 우리 역사서를 신용치 않고 공식적인 의례를 받아주지 않으니, 이건 우리를 낮추어 보는 것이며 우릴 약하게 보는 것이니 죽기로 결단하겠소(신유한 1974a: 554)!

물론 근대적 내셔널리즘의 감각에 따라 판단할 수 없는 시대였고, 조선에 대해, 그리고 도쿠가와 막부에 대해 쓰시마 번이 갖던 지위상의 특수성 문제에 대해서는 별도의 논의가 필요한 아주 복잡한 문제입니다만, 여기에서는 그런 세세한 논의는 잠시 제쳐두고 상식적인 차원에서 판단해 봅시다. 과연 그의 분노는 전혀 말도 안 되는 것이었을까요? 가령 오늘날 우리들이 당시 저 아메노모리의 자리, 즉 자기 나라와 자기 주군을 대표해야 하는 입장에서 있었다면, 이 같은 상황에서 그냥 물러설 수 있었을까요. 적어도 현장에 있던 세 사람의 조선 사신 중 두 사람은 일본 측의 해명과 그 성의에 어느 정도 납득할 만하다는 반응을 보였음은 이미 살펴본 대로입니다.

단, 그렇다고 아메노모리가 쓰시마 번 (내지 일본)을 어떻게든 조선 위에 올려놓으려 했던 것이 아니라는 데 주의할 필요가 있습니다. 오히려 『교린제성』에서 그는 이렇게 지적합니다. 임진전쟁 직후 정3품 당상관인 동래부사를 재판裁判, 즉 쓰시마 측에서 조일 간의 외교 현안 및 교섭을 위해 파견하는 외교 실무자와 동급 정도로 취급한 데 대해 "배우지 못한 소치"이자 "문맹"의 소치라고. 하지만, 또한 그렇다고 동래부사를 자신들이 섬기는 쓰시마 번주

보다 위계 상 높은 이라 여겨, "거의 주인主人"인 양 높이려 드는 데 대해서도 마찬가지로 잘못이라 지적합니다. 왜냐하면 그가 볼 때 쓰시마 번주는 "그 땅의 인민을 대대로 다스려 온 고을 임금侯伯의 자격을 지닌 신분"이기 때문입니다.

요컨대 아메노모리의 문제의식은 상대를 무시하지도, 우리가 무시당하지도 않는 적정한 상호존중의 관계를 확립하자는 데 있었습니다. 그에 따르면 공식적인 관계 규정과는 별도로, "위엄", 즉 서로에 대한 우세함의 형국은 시대에 따라, 상황에 따라 변화하는 시소와 같은 것이었습니다.

> 대개 임진왜란 후 조선의 효종시대 초반까지는 조선 사람들이 일본의 위세를 여전히 두려워하였다. 그리하여 숙종시대 초반까진 일본 사람을 피했다. 그런데 숙종시대 중반에 이르자 일본 사람에 익숙해지게 됐다. 두려워하고 피할 때는 저쪽(조선)이 저자세로 나오지만 익숙해지게 되면 강자는 고자세를 취하게 되고 약자는 저자세를 취하게 마련이다. 숙종시대 중기까진 아직 익숙해진 지 얼마 되지 않았으나 요샌 아주 익숙해졌으므로, 일본을 '타고 넘어' 위엄이 조선쪽으로 옮아가게 되고, 이쪽은 오히려 비굴하게 되었다고 해야 할 형세가 됐다(아메노모리: 68).

이 같은 시대적 추이 속에서, 결국 이치와 의리에 맞게끔 일을 처리하지 않으면 자연 상대는 교만하게 될 것이고, 이에 따라 우리 쪽에서는 그 기세를 두려워하게 되어 더한층 비굴해지게 되리란 것입니다. 따라서 이같이 "인정상 늘 발생하는 폐단常弊"에 대처할 비결은, 결국 문제의 출발점인 서로를 대하는 이치와 의리에서 찾을 수밖에 없을 터입니다. 요컨대 "공명정대를 마음에 두고, 이치와 의리에 바탕을 두어 노력하며, 앞뒤를 살펴 일을 처리"할 것, 그리고 "강자를 겁내지 말고 약자를 능멸하지 말며, 어려운 것을 불평하지 말고 쉽다고 함부로 덤비지 말라." 아메노모리는 이를 조선과의 사귐(隣交)에서 그 무엇보다도 유념해야 할 바라 되풀이 강조합니다.

　이런 그의 기본 문제의식에 유념해, 일견 모순되는 듯 보였던 앞서 그의 언행들을 다시 한 번 살펴봅시다. 교섭 중 조선 측에서, 쓰시마란 섬은 "조선의 한 고을 같은 것"에 지나지 않고, 조선 조정의 녹을 받는 이상 "속방(藩臣)의 의리"가 있다며 기존 접대 의례, 즉 조선에 대한 쓰시마의 국격을 낮추려 하자 그는 "대단히 성을 내 불룩거리며 고함치기마저 불사"할 만큼 완강하게 저항합니다. 왜냐하면 그가 섬기는 "대마 도주에 대한 군신의 의리"가 걸려있었기 때문입니다. 하지만, 그렇다고 무턱대고 겨루기를 일삼거나 한 것은 또한 결코 아니었으니, 오히려 "조선의 사세"에 대해 제대로 알지 못하고 엉뚱한 소리를 해 사안을 그르칠 것 같을 때는, 중간에서 적절히 분위기를 조절해야 한다며 일이 되게끔 만드는 것을 중시했습니다. 실은, 상대의 가치에 대한 존중 역시 이러한 차원에서 부각된 바였습니다. 서로의 기호나 풍습이 다른 데도 자기 쪽의 기호나 풍습을 기준으로 상대에 대해 파악하려 한다면, 반드시 "판단착오"를 일으킬 수밖에 없을 터이고, 그러면 일이 어그러질 터이기 때문입니다.

　이상이 그가 말한 조선과의 성의와 신의의 교제의 구체적인 내용인 셈인데, 어쩌면 이리저리 복잡하게 설명하기는 했지만 오늘날 매스컴에서 말하는 '성신지교'와 결론적으로 다를 게 뭐냐고 반문할지 모르겠습니다. 물론 똑같이 성의와 신의를 갖고 동반자로서의 관계를 구축해 나가자 입니다. 하지만, '왜' 굳이 그래야 할까요? 앞서 살펴보았듯 우삼동, 즉 실제 아메노모리는 현실 속 갈등을 부정하거나 덮어두지 않고, 오히려 이를 항상 전제한 위에 '그럼에도 불구하고' 성심성의껏 신의를 갖고 사귀어야 한다고 주장했습니다. 왜냐하면 그가 볼 때 성신지교란, 그저 추상적으로 그렇게 해야 마땅해서가 아니라 당시 조선에서 흔히 표현했듯, 식량공급이 끊어지면 "젖 떨어진 아이"처럼 그대로 굶어죽을 수밖에 없던 쓰시마의 입장 상 조선과의 관계를 유지하기 위해, 그 관계를 '제대로' 유지하기 위해 취할 수 있는 유일한 정답이었기 때문입니다. 제대로 된 성리학자라면 필요를 고려해 올바르게 행동하겠다는 발언을 듣는 순간 눈살을 찌푸리겠지요. 하지만 도덕성을 기대할 수 없는 국제정치적 실상을 고려할 때, 쓰시마와 조선, 조선과 도쿠가와 막부라는 서로를 반드시 필요로 하는 지정학적 여건 하에서, 성신지교야말로 그것이 윤리적으로 옳을뿐더러 그 이상으로 상호 간의 이익을 극대화할 수 있는 유일한 길이라는 합리적인 판단 쪽이 더 설득력이 있지 않을까요?

한일 사이에 가로놓인 '방편적 사고'라는 문젯거리

요컨대, 오늘날 '아메노모리 호슈'의 성신지교와 역사 속 '우삼동'의 성신지교의 차이는, 그가 해당 원칙과 현실 사이의 이 같은 '긴장감'을 의식하고 있었는지의 여부에 있습니다. 외교 실무자로서 사실 아메노모리는 당장의 편의나 이익을 위해 그때를 대충 넘기거나 상대를 속이고픈 유혹에 대해 그 누구보다도 잘 알고 있었습니다.

> 교호 통신사, 즉 1719년의 사행 때 매와 관련해 나 도고로(아메노모리)가 조선 측의 한 첨지에게 말하기를, '이번에는 이와 같이 수습해 끝내 두지만, 이건 분명 전례에 어긋나는 일이니 향후 통신사 초빙 시 반드시 문제가 있을 겁니다. 그럴 때는 어찌하려 하십니까?'라고 물었다. 그러자 한 첨지는 '그때까지 우리들이 살아 있을 것도 아니므로 그때 가서 어떻게든 되겠죠'라고 아무렇지도 않게 답했다. 이전의 통신사행 때 역관들도 이런 한 첨지와 같은 마음가짐이 있었다고 여겨진다. 이런 일이 있는지라 쓰시마에서는 분명히 약속을 했다고 알고 있더라도, 혹시 이건 '역관들이 중간에서 저지른 일은 아닐까. 그렇다면 함부로 논의를 했다가 오히려 일이 잘못되는 건 아닐까'라고 하여 매번 위태로워지는 경우가 많다(아메노모리: 37).

예나 지금이나 제 아무리 일본을 비판하고픈 한국의 배일론자라도, 또한 제 아무리 한국을 미워하는 일본의 극우 인사라도 상대를 속이자, 상대를 이용하자라고 하지는 않을 터입니다. 적어도 원칙을 놓고 말할 때는 말이지요. 하지만 현실은 비단 아메노모리 당시가 아니더라도 조선과 일본, 나아가 한국과 일본 사이에는 서로의 관계가 밀접한 만큼, 바로 그런 까닭에 서로를 이러저러한 목적에서 '방편'으로 활용하려 한 경우들로 가득 차 있었다고 하는 편이 옳겠지요.

이러한 현실 앞에서, 오늘날 회자되는 식의 '아메노모리 호슈'의 성신지교가 윤리적으로 제아무리 올바르다한들, 과연 한일관계를 개선하는데 도움이 될까요? 오히려 기왕 아메노모리의 역사적 교훈에서 무엇인가를 배우겠다고 한다면, '우삼동'이 유의했던 원칙과 현실 사이의 '긴장감'에 유의하는 편이 더 적절하지 않을지요. 그런데 이런 측면에서 오늘날 한일관계의 바람직한 나아갈 길에 대한 논의들은, 많은 경우 당위만을 언급하거나 이를 뒷받침해 줄 아름다운 우정의 순간들에만 주목하고 있는 듯 보입니다.

그래서 이 책에서는, 오히려 서로의 관계를 망치게끔 이끄는 한일관계의 저변에 깔린 조건들에 대해, 그중에서도 특히 앞서 한 첨지의 사례에서처럼 상호신뢰를 무너트리는 주된 요인으로 작용했던 서로를 '방편' 삼아 어떻게 이용하려 했는지에 주목하고자 합니다. 이에 제1장 「생존을 위한 궤변 - 방편으로서의 '조선'」에서는 일본 측의, 그중에서도 특히 한반도와의 교섭을 전담하고 있던 쓰시마 측에서, 마치 고래 등 사이에 긴 새우와도 같던 저들의 생존을 도모하기 위해 서양 세력의 등장이라는 위기의 순간에 어떻게 '조선'을 방편으로 활용하려 했는지를 분석했습니다. 하지만 이처럼 방편으로서 상대를 활용하고픈 유혹은 일본이나 쓰시마에만 국한된 것이 아니었습니다. 이에 제2장 「희생자 의식을 통한 인심의 고취 - 방편으로서의 '왜(倭)'」에서는, 조선 측 역시 마찬가지로 국내 정치 차원에서의 인심의 수습과 단결을 위해 일종의 프로토 내셔널리즘적 차원에서, 조선 후기 내내 임진전쟁의 기억을 어떻게 활용해 왔는지에 주목했습니다. 그런데, 이상에서의 활용이 기본적으로 상대에 대한 적개심과 경계의 감정에 기반해 있던 데 비해, 개화기에 접어들면서부터는 이런 부정적인 감정에 선망이 뒤섞이면서 오늘날까지 이어지는 한국 사회에서의 모순된 일본에 대한 이미지가 등장하게 됩니다. 이러한 전환과정에 주목해, 제3장 「Gentleman과 부시武士, 그리고 무사 - '방편'에서 내재화된 가치로」에서는 저들 경계 대상이 밉기야 하지만, 바로 그런 까닭에서 저들이 어떻게 그토록 위협적인 존재로 성장하게 되었는지 본받아야 한다는 인식의 전환이 일본에서, 그리고 조선에서 차례차례 일어나는 과정을 추적해 보았습니다. 제4장 「윤치호에서의 '일본화'의 행방 - '목적'과 '방편'의 전도」에서는, 이처럼 '방편으로서의 일본'이 일본을 겨냥하는 대신 우리 인민들을 향해 이들을 계도시키기 위한 수단으로 전환되어 가던 가운데, 윤치호의 경우에서 단적으로 드러나듯 어느 틈에선가 우리 사회에서 벌어지게 된 근대화라는 목적과 본래대로라면 이를 위한 방편에 불과했을 터인 '일본'의 가치전도가 어떻게, 또 왜 일어나게 되었는지를 분석했습니다. 그리고 마지막 제5장 「혐한의 시대 - '한국'이라는 방편의 부활」에서는, 이천년대 이후 일본의 보통 사람들에게 한국이 재발견되면서 벌어진 혐한嫌韓의 등장을 통해, 오늘날 한일관계에서 서로를 향한 방편적인 사고가 어떻게 다시 두드러지게 되었는지, 나아가 그로부터 어떤 현실적인 영향을 미치고 있는지에 대해 분석하였습니다.

돌이켜 보니 작은 책이지만 참 힘들게 집필한 것 같습니다. 그간 모름지기 공동체란 이러해야 한다, 다른 의견을 가졌더라도 이렇게 소통하라며 연구자로서 훈수만 두어오다가, 작은 규모나마 공동체의 창건에 막상 실제로 참여해 보니 '관계'의 구축이라 하는 것이 얼마나 고민할 것이 많은 지난한 과제인지 처음으로 실감하게 됐습니다. 이에 정신적으로, 또 육체적으로 과로가 올해 내내 거듭되는 가운데, 특히 집필 종반부에는 코비드-19에 감염되는 등 어려운 순간들이 이어졌습니다만, 이를 감내할 수 있게 해주신, 그리고 이 같은 위기 덕분에 오히려 문제에 제대로 침잠할 수 있게끔 이끌어주신 주님께 감사드립니다.

아울러서 사상적인 탐구라고 하는 것이 철 지난 신선 놀음처럼 여겨지는 이 부박한 시대에, 아직 채 정제되지 못한 생각의 편린들, 설익은 문제제기에 늘 귀 기울여주고 같이 진지하게 고민해 주시는 한국정치사상학회의 여러 선생님들, 배움의 도반들과 서울대 LnL 공동체의 멘토이신 이정훈 선생님 및 동지 김경미 선생님께 감사의 말씀을 올리고 싶습니다. 또한 이 책을 펴낼 수 있도록 격려에 격려를 더해주신 도서출판 논형의 소재두 대표님께 감사드립니다. 연구자들의 이런 작디작은 목소리가 울림을 가질 수 있도록 기울이시는 대표님의 노고에 그저 경의를 표할 따름입니다.

그리고 어머니 아버지, 이제야 겨우 용기를 내 얼마나 감사드리는지 말씀 올립니다. 뚜렷한 결과를 보여드리지도, 그렇다고 제대로 된 설명도 없이 멋대로 달려가는 저를 향해, 그저 묵묵히 신뢰를 보내주시며 뒷바라지해 주신 은혜에 그 어떤 감사의 말마디도 부족하고 부족할 따름입니다. 또한 인생의 반려가 되어 준 전지영에게 이 자리를 빌어 고마움을 전합니다. 당신의 진지한 관심과 사랑이 얼마나 힘이 되는지요.

2023년 가을 관악산 기슭에서

유불란

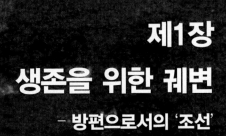

제1장

생존을 위한 궤변

– 방편으로서의 '조선'

01

생존을 위한 궤변

- 방편으로서의 '조선'

동아시아를 배회하는 망령의 등장

1867년 3월 무렵, 조선 조정은 청나라 예부로부터 전해져 온 한 통의 자문으로 인해 충격에 휩싸이게 되었다. 그에 따르면 광동에서 발행되는 한 신문에, 일본의 이름난 유자라는 야도 마사요시(八戶順叔 · 1840∼?)[1]의 기고문이

- 이 장은 2018년에 간행된 「정한론, 혹은 방편으로서의 '조선' - 幕末期 対馬藩의 경우를 중심으로」(『日本思想』35, 2018, pp.279-302)를 수정·보완한 글입니다.

1) 야도의 정체에 대해서는 다양한 견해가 존재한다. 일례로 『근대 일선관계의 연구』에서 다보하시는, 구 도쿠가와 막부 측 인사의 증언이라며 이렇게 소개하고 있다. 메이지 유신 당시 고즈케노쿠니(上野国) 다카사키번(高崎藩)에 등용되어 번제개혁에 참여했으며, 후일 도쿄부 및 지방의 속관에 임명되었다고 한다. 야도는 도쿠가와 막부시대 말기에 몇 차례인가 유럽으로 도항했던 경험이 있다고 전하는 바, 상기 논설은 도중에 상하이 및 홍콩 등지에서 체재할 때 기고한 것으로 알려져있다.

실렸다고 한다. 그 요지인즉슨, 현재 일본은 정치를 혁신하고 화륜선을 비롯한 군비를 증강 시키고 있는바, "이제 군대를 일으켜서 조선으로 가 토벌할 뜻을 가지고 있으니, 조선이 5년에 한 번씩 조공하는 의례를 행해야 함에도 지세를 믿고負固 불복해, 오랫동안 폐기했기 때문"이라는 것이었다(다보하시 2013: 146). 이에, 조선 조정에서는 기사에서 주장하는 신라 왕자의 내조나, 고구려 및 백제까지의 항복, 혹은 임진전쟁 후에 조선 국왕이 5년마다 에도로 쇼군을 배알했다느니, 이후 그대로 조공 의례로서 정례화 되었다느니 운운한 것은 모두 가증스런 무고誣證蠛汚辱之說에 불과하다고 밝혔다(일성록/고종4년/03/07). 더불어서 쓰시마를 통해 일본에도 공식적인 해명을 요구하기에 이르렀으니, 말 그대로 한 편의 '망령된 글'이 동아시아 전체를 뒤흔들어 놓은 셈이었다.

지금에 와서 그 후 동아시아의 역사가 어디로 흘러갔는지를 고려해 보자면, 어쩌면 이는 조만간 본격화될 정한론의 확실한 징후처럼 비칠지 모르겠다. 그리고 이러한 관점에서, 그 밖에도 혹은 1863년 이래 "정한론을 제일 먼저 주창"했다는 사다 하쿠보2)에게서, 혹은 국방상의 이유를 들어 조선 정복의 필요성을 주창해 "정한론의 원점"에 해당한다는 "선구자" 하야시 시헤이3)에게서 그 기원을 찾기도 한다(伊藤 1942: 248; 三宅 2006: 210; 장용걸 2004: 219). 그리고 물론 여기에는 저 요시다 쇼인 등의 논의도 빠지지 않을 터이니, 이상과 같은 '싹'들을 곧이어 "근대적 의미에서의 한국침략"의 기점으로서 사이고 다카모

---

2) 佐田白茅(1833-1907). 통칭 佐田素一朗. 본래는 구루메번(久留米藩)의 양이파 쪽 번사였다. 유신 후에는 新정부에 출사해 외교관으로 활약했다. 이후, 서계문제를 비롯해 갈등국면에 있던 조일 관계의 조정 및 예비교섭을 담당하였다.

3) 林子平(1738-1793). 훗날 스스로를 일컬어 육무재(六無齋)라고도 칭했다. 본래는 에도 출신으로, 후일 센다이(仙台藩)의 번사로서 활동한 사상가. 독자적인 경세론 및 해방(海防)론을 논한 저작 『삼국통람도서』 및 『해국병담』으로 유명하다.

리 등의, 소위 "침략론과 군국주의자"의 정한론 쪽으로 연결시키는 것이, 특히 한국에서 일반화 되어 있는 설명 방식이라 할 수 있다(전상균 2006: 388; 이현희 2006: 2 93).

하지만 이처럼 일관되게 논의가 전개되었던 것일까? 물론, 훗날 정한론을 외칠 때마다 대구를 이루듯 함께 언급되곤 하던 소위 히데요시의 침략豊太閣の唐入り이나 신공황후의 정벌 같은 언설은, 분명 일본에서 전통시대 이래 줄곧 회자돼 오던 그런 '이야깃거리'였다. 이는 이미 근세 이래 일본 내에서 범람하고 있었고, 그렇게 조선을 지난날의 조공국으로 여기는 '천시 사상'에 따른 "조선민족에 대한 멸시감"은 마치 통주저음(Basso Continuo)처럼 일본 사회에 줄곧 드리워져 있었던 것이다(三宅 2006: 194). 하지만 그렇다 하더라도, 이후 유신 주체세력 간의 주도권 경쟁과정에서 불거져 나온 '정략적 정한론'이나 외무성 측의 '정책적 정한론'은, 저런 '관념적 정한론'이라는 "기원"으로부터의 어떤 일관된 흐름이 그대로 "표출顯在化" 된 데 불과했던 것일까(공의식 1991: 118-9)?

문제는, 정한론에 대한 당시 정계의 실제 반응을 살펴보면, "현실적이지도 않고 일조관계의 실태에도 거의 닿아있지" 않던 관념적인 정한론 쪽은 말할 것도 없고, 그에 비해 나름 구체성과 정책화가 안배되었다는 '대한對韓 적극책' 쪽조차 사다의 30개 대대에 의한 조선 정토안이 정부 당국자들의 냉소 속에 묻혀버린 데서 단적으로 드러나듯, 일방적으로 받아들여지기만 한 게 아니었다는 데 있다(関 2017: 205; 다보하시 2013: 315-6). 애초에 당시 대표적인 대륙진출론자로 일컬어지던 야마다 호코쿠山田方谷[4)마저 실제로는 침략론과 동맹론 사이에서 갈팡질팡했을 뿐 더러, 침략의 목적 역시 그때그때 바뀌었던 데서 알 수 있듯이, '조선 정벌征韓'의 속 알맹이는 구호로서의 그 울림만큼 명징한 것이 아니었다(毛利 1980: 64). 게다가 그런 구호나 언설조차 본래의 맥락까지 아울러서 살펴보면, 기실 따로 떼어 쓰일 때와는 다르게 해석될 여지가 적지 않았다.

한 예로, 일찍이 자신의 방책에 "조선정벌"이라 이름 붙였던 가쓰 가이슈(勝海舟 · 1823~1899)는, 담화 중 다음과 같은 발언을 남겼다고 전해진다.

> 쓰시마에 오시마大島友之允라는 놈이 있어. 기도木戸孝允와 매우 친밀하게 지내던 녀석인데, 조선정벌이라고 하니까 찬성하데. 뭐야, 바보 같으니. 정벌하자는 게 아니라 무역하려는 거야. (중략) 이와모토岩本는 이를 평해 '과연 틀림없다고 여겼다. [제아무리]...무사들이 쇠퇴한 지금 시절이라도 외국과 장사하자 할라치면 납득할 리가 없다. 반드시 씩씩慷慨勇壮한 논의로부터어야만 하리라...시쳇말로 무장적 평화라는 게 있는데, 바로 무장적 무역商売에 해당하는 것이라고 느꼈다.'(岩本 1899: 566; 毛利 1980: 74-5)

이러한 일화를 전하면서 이와모토는, 아울러서 사이고 다카모리(西郷隆盛 · 1828-1877)의 정한론과 관련해 다음과 같은 또 하나의 일화를 전하고 있다. 그가 가쓰에게 사이고의 정한론에 대해 묻자, "뭐가 정한론이야. 언제까지 바보 같은 소릴 하는 건가. 당시 난 해군에 있었어. 만일 사이고가 싸울 생각이

---

4) 山田方谷(1805-1877). 통칭 山田安五郎. 빗츄 마쓰야마번(備中松山藩)의 번사였다. 번주였던 이타쿠라(板倉勝静)를 보좌해 번정개혁을 주도했고, 이후 이타쿠라가 로쥬 등 바쿠후의 요직을 역임하게 되자 다시 그 정치고문으로서 중앙정계에서도 활동하였다.

있었다면 뭔가 이야기가 있었어야 하잖아. 한 마디 논의도 없었어. 나중에 내가 사이고에게 물었어. '당신 어쩔 셈이야?' 하니, 사이고가 '당신이라면 짐작하지 않소' 하길래 아하하 웃었지. 뭐더라, 요즘에도 사이고의 유지를 잇는다느니 뭐니 해서 바보 같은 소릴 하는 놈들이 있어.' "

이것이 정한론의, 혹은 이를 통해 (적어도) 가쓰가 도모하고자 한 진상이었던 것일까? 하지만 그의 '진정한' 의도가 무엇이었는지 와는 별도로, 여기서 주목해 봐야 할 부분은, 심지어 스스로가 붙인 정한이란 레테르에도 불구하고, 정말 그게 목적인지, 실상은 무언가를 위한 수단이었는지가 뒤엉켜 있는 상황 그 자체라 할 수 있다. 그렇다면, 이 같은 애매함이란 측면에서, 앞서 정한론의 계보에 서 있다는 뭇 호전적인 언설들은 어떠할까? 혹은 논자 본인이 밝히기를, 감옥 내에서의 '무료함徒然' 끝에 튀어나왔다는 분풀이용의 한담 같은 경우는 또 어떠할까(依田 1903: 6-7).

이런 의미에서 정한론이란 어떤 단일한 실체라기보다, 그때그때의 정세 및 정치적 목적에 발맞춰 안출된 일군의 논의들로 보는 편이 더 적절해 보인다(毛利 1980: 61). 그렇다면 기실, 정한론이란 그저 허상에 불과했다는 말인가? 물론 그렇지는 않다. 이런 다양한 양태에도 불구하고, 저들 모두는 궁극적으로 조선이란 요소를 '방편'처럼 쓰고 있다는 데서 공통점을 갖는다. 그렇다면 왜, 또 어떻게 이런 방편은, 이즈음 일본의 조야에 이토록 폭넓게 자리 잡게 되었을까? 다시 말해, 정한이란 잠재적인 사상요소는, '구체적으로' 어떤 과정을 거쳐 정략이나 정책상에서의 실제 활용에까지 이르게 된 것일까.

이에 본고에서는, 특히 바쿠마츠(도쿠가와 막부시대 말기)에서의 쓰시마의 사례에 주목하고자 한다. 조일관계의 근간이 본시 "쓰시마와 조선의 개별 관계에 편승"해 있었음을 고려할 때, 주요 당사자 중 하나였던 쓰시마 측이 새로운 시대적 변화를 어찌 파악하고 또 대응하려 했는지를 이해하는 것은, 당시 양국관계의 변화를 파악하는데 필수적일 터이다(木谷 1995: 50). 하지만 여기서 더욱 중요한 것은, 뿐만 아니라 이런 변혁의 와중에서 그들이 대단히 능동적이고 적극적인 행위자였다는 점이다. 이하에서는, 저들 쓰시마 측이 양국 관계에서 자신들이 점하고 있는 중요성을 부각시키기 위해 어떤 일련의 위기론들을 안출해 냈는지, 그것이 마침내는 "조선의 위기"에 대한 선제적 대응론으로 변용 되었는가 그 과정을 추적해 보겠다. 이를 통해, 본래는 추상적인 차원에 머물러 있던 사상자원으로서의 '조선'이, 어떻게 실제의 정책적인 밑바탕으로까지 동원되기에 이르렀는지 살펴보고자 한다.

"조선 진출"에 이르기까지의 쓰시마 측 논리의 갈지자 행보

'조선의 위태로움'이라는 새 셈법

정치, 군사, 경제의 각 방면에 걸쳐, 동시대의 누구보다 구체적으로 "조선국을 복종시킬 책략"에 대해 논했다고 일컬어지는 오시마 도모노조[5])의 '정

---

5) 大島友之允(1826-1882). 후일 번주 소 시게마사에게서 마사모토(正朝)라는 편휘를 받았다. 쓰시마 번의 번사로서, 당시 심각하던 번의 재정난을 해소하기 위한 원조운동 및 對조선 문제해결에 주력하였다. 바쿠마쓰 시기에는 번 내의 요직을 두

한의 건백서'(1864·元治元年) 같은 주장을 보자면, 정한론을 향한 쓰시마 측의 의지가 일견 확고했던 것처럼 비친다(鄭2017: 215). 하지만 당시 쓰시마 번 측에서의 상신은 비단 이뿐만이 아니라 누차에 걸쳐 시도되었음을 고려할 때, 그러한 일련의 전개과정 속에서 접근해 볼 필요가 있다. 실제로 쓰시마 측은, 첫째, 요충지인 쓰시마의 재정난으로 인한 해안방어海防의 불비, 둘째, 열강의 조선 진출이 초래할지 모르는 위기, 셋째, 조선에 대한 그간의 정치·식량안보적 종속상황 등을 내세워 자신들에 대한 재정 및 군비 원조 요구를 되풀이하되, 이를 구체적인 논리로 엮어낼 때는 당시 그때그때 일본 내의 급변하는 정치적 상황에 맞춰 그 논점을 기민하게 전환 시키곤 했기 때문이다(瀧川 2005: 400).

사실, 직접적인 계기가 된 1861년의 러시아의 군함 포사드닉 호 사태에 즈음해 쓰시마 측이 내놓았던 최초의 논리는 향후 예상되는 개항에 따른 손실 보전의 필요성이었다. 그해 8월 1일의 이봉移封, 즉 영토를 다른 데로 옮겨달라는 청원서에 따르면, 일단 러시아에 개항장을 허락할 경우, 영국 및 프랑스, 그 밖에 이미 통상을 허락한 다른 나라들도 똑같은 요구를 해 올 터인데, 그때마다 허용해 준다면 쓰시마 번으로선 결국 영토를 다 잃게 되리란 것이었다. 따라서 쓰시마 전체를 도쿠가와 막부의 직할령으로 삼아줄 것, 그리고 이에 대한 반대급부로 큐슈 쪽의 자신들 영토와 가까운 쪽 땅을 달라는 것이었다(日野 1968: 199). 더불어서 이런 영토 교환 시, 그간 쓰시마가 전담해 온 조선과의 관계는 어찌하면 좋을 지의 문제를 아울러서 제기하였다.

개항이냐 전쟁이냐. 당장이라도 오랑캐들에 의한 '난리大事存亡'가 날 수

루 역임했으며, 유신 후에는 新정부의 외교관으로서 활동하였다

있다는 위기론을 부각시키면서, 뒷일 살필 것 없이 즉각 토벌에 나서리라 호언했던 쓰시마는, 그러나 내부적으론 당시 유화적인 기조의 도쿠가와 막부 쪽 대외정책을 고려해, 전단을 열지 않으려 하고 있었다. 요컨대, 이들의 노림수는 바쿠후에 선택을 압박해, 사태가 어떻게 기울든 지원을 얻어내려 했던 것이었다(현명철 2000: 138). 그러나 이러한 논리는 전제조건일 개항 논의가 1862년을 기점으로, 국내정세의 급변에 따라 외국세력에 대한 양이 및 배척鎭港 쪽으로 뒤집히면서 설득력을 잃게 된다.[6]

그러자 쓰시마 측은, 서양 오랑캐들이 "일본 본토를 공격할 근거지"로서 쓰시마를 노린다는 주장을 부풀리되, 이번에는 그 동안 거론해 온 조선으로부터 전적으로 식량을 의존하는 식량안보 상의 위기론에 더해, "조선으로부터 공급돼 온 양식", 즉 본토침공의 배후 근거지로서 조선이 활용'될 수도 있다'는 주장을 끼워 넣고 나섰다.

일본 전체皇國를 위해 생각건대 저희들의 미미한 힘만으로는 승산이 전혀 없으며, 서양 오랑캐醜類가 쓰시마를 점령해 일본의 목을 누르고, 조선의

---

6) 메이지 유신을 즈음한 시기에서의 일본 내의 정치적 상황전개는 지극히 복잡한 양상을 띠었던 바, 그중에서도 쓰시마와 관련된 주요한 정치적 사건들은 대개 다음과 같이 정리해 볼 수 있다.
1861년, 러시아 군함 포사드닉호의 이모자키(芋崎) 점거·쓰시마 측의 이봉청원
1862년, 쓰시마 번사들의 출부(出府)사건·쵸슈번과의 동맹성립
1863년, 양이의 칙허 하달·바쿠후 측의 권력회복(八月十八日政変)
1864년, 바쿠후의 제1차 쵸슈정벌·쓰시마 내 좌막(佐幕)파의 양이파 숙청(甲子事変 혹은 勝井騷動)
1868년, 메이지유신
1869년, 판적봉환. 이즈하라번(嚴原藩)으로 개칭.
1871년, 폐번치현

양식을 바탕으로 본토內地를 석권하려 들게 되면 천하의 큰일이라 여겨집니다. (중략) [뿐만 아니라] 이 땅에서 났음에도 식량을 조선異邦에 의지하고 있는데...지금이라도 이변이 생겨 일단 [조선과의] 해로가 막히게 되면 쓰시마는 필시 기아에 빠지게 될 테니, 저희 번의 명맥이 아침이슬 같은지라 유감 천만입니다(木村 1987: 710-711; 현명철 1994: 20- 21).

앞서 이봉론의 단계에서든 이상의 양이·쇄항론적 단계에서든, 그 논리가 어디까지나 '만일'에 입각해 있다는 점에서는 별반 차이가 없었다. 그런지라 이와 같은 가정을 보다 그럴듯하게 포장하자면, 쓰시마의 실정을 좀 더 위태롭게 과장시킬 수밖에 없었을 터이다. 그런데 여기까지야 분명 나름의 불가피한 측면도 있었지만, 문제는 이러한 위기 부풀리기의 대상에 새로 집어넣은 '조선'까지가 포함되어 버렸다는 데 있다. 실제로 앞서 번정 설명서로부터 불과 반년 뒤, 도쿠가와 막부로부터의 원조를 요구한 분큐 삼년(1863년)의 이른바 "정한의 건백서"라 일컬어진 「원서願書」에 이르면, 이제 조선은 서양 오랑캐들에게 점령당할 수도 있다 쯤이 아니라, 반드시 그리 전략될 수밖에 없는 본래부터 비루한 존재로 규정된다.

제일 불안한 것은 조선에 외적들이 도래하여 토지를 빌리고, 거처를 마련해 주둔久屯하려 한다는 말입니다. 저들의 교활한 야욕이 어디 있을 지는 굳이 언급할 필요도 없으리라 생각합니다. 원래 겁이 많고 게으르고 유약한 조선인들이 채 싸워보지도 않고 부림을 당해, 몇 년 지나지 않아 온 나라가 저들 지배하에 들어가리라는 건 뻔해 보입니다. 만일 이번 양이의 단행으로 인해 외적의 불만을 사게 되어 조선을 보루 삼아 침략이라도 해 온다면 쓰시마의 우환일 뿐 아니라 일본 전체의 대문제입니다(木村 1987: 719).

물론, 그간 우호 관계를 유지해 온 성의를 봐서라도 우선은 간곡히 타일러 보겠지만, 조선 측이 불복 '한다면' 물리력을 동원해 압박할 밖에 달리 도리가 없다. 하지만 두말할 나위 없이 쓰시마는 "조선국과의 통상 하나로 성립되는 번"이므로, 이상에서와 같은 이변이 발생하게 되면 기아에 빠지는 게 필연적일 터이다. 따라서 미리부터 단교를 상정해 준비를 갖춰둬야 하니, 이를 위해 소요될 자금과 무기, 군함 등을 서둘러 지원해 달라는 논리였던 것이다.

기존 연구들에서 공히 지적되어 온 것처럼, 특히 이상에서의 조선에 대한 멸시와 '공세적 대응進戰' 같은 부분에서 당시 접촉하였던 야마다 호코쿠에서 비롯된 듯 보이는 "관념적 정한론"의 영향이 명백히 감지된다(공의식 1991: 119; 閔 2017: 210). 하지만, 그럼 이때를 기점으로 쓰시마 측은 완전히 정한론 쪽으로 기울었던 것일까? 하지만 오랜 경제적 파탄은 물론, 이봉운동 실패의 여파로 자국 신하들에게 월급조차 제대로 지불하지 못하던 쓰시마 번의 상황에서, 조선 정벌의 의지는 말할 것도 없고, 애초에 그럴만한 능력이 있었을지조차 의문스러운 것이 사실이다. 어쨌든, 이와 같은 주장 그 자체만을 놓고 보자면 적어도 한 가지 사실은 명확해 보인다. 앞서 영토교환 단계에서, 개항이든 개전이든 결국 쓰시마를 지원해 줘야 한다는 데로 귀결되었던 것과 마찬가지로, 이번에는 조선을 경략하든 통교가 끊기든, 결국 여기서도 역시 지원의 합리화가 가능하게끔 논리를 짜 두었다는 점이다(毛利 1980: 71). 따라서 조선 정벌 여부와는 별도로, 이즈음까지의 쓰시마 측의 논리는 그 근본취지상 "원조요

구론"이었다고 할 수 있다(현명철 2003: 114).

조선-도쿠가와 막부와 조선-쓰시마 번의 사이에서

그렇다면 예의 「조선진출건백서」의 경우에선 어떠할까. 집필자인 오시마는, 앞서 '정한의 건백서' 이래 반년도 채 못 되는 사이에 또다시 뒤바뀐 일본 내 세력변화, 즉 도쿠가와 막부 측의 세력회복에 따른 양이론의 후퇴를 반영하듯, 이번에는 일본의 쇄국 대신 조선의 쇄국 문제 쪽으로 논점을 전환시키고 나섰다.

이에 따르면 조선은, 기본적으로 "예로부터 쇄국의 법제"를 고수해 온 나라이다. 따라서 그 "편벽되고 고루한 쇄국의 구폐"를 일신토록 하는 것이야말로 제일가는 급무라 주장한다. 이를 위해 "조선국을 복종시킬 책략"에는 크게 덕을 베풀거나, 혹은 힘을 써서 압박하는 두 가지의 길이 있다. 속효를 거두자면 물론 무력을 써 압박하는 수밖에 없겠지만, 임진년의 선례를 고려할 때, 배추의 청너리기 제아무리 쇠했다고 하더라도 용이한 일이 아님에 분명하다. 따라서 앞서 5월의 건백 때 이미 건의했던 대로 일단은 은덕을 베풀어 화친하여 차차로 복종시키되, 만약 끝내 그 "누습"에 구애된다면 그 때는 "확실하게 응징赫然膺懲之御勇斷"하자는, 이른바 "원 스텝"을 두는 단계적 접근 안을 되풀이 주장하고 나섰다(毛利 1980: 73).

하지만 조선이라는 나라는 본질적으로 의심이 많고, 그 위에 임진년 이래의 뿌리 깊은 원망과 분노를 지금껏 버린 적이 없는지라, 교섭을 위해서는 치밀한 방책이 필요하다고 지적한다. 이에 그는 은혜와 위력, 그리고 이익의 세 축을 중심으로, 이를 다시 일곱 항목의 구체적인 책략으로 정리해 냈다.

우선 은덕 차원에서의 책략(제2책. 저들의 민심을 복종시키기에 힘씀)으로서 오시마는 다음과 같이 주장한다.

[저 조선은] 예의의 나라라 자부하나...실상은 이익에 대한 욕심이 특히 심해, 나라 안에 뇌물이 공공연히 횡행하고 상하가 끝없이 탐욕스러운 폐습貪汚無限之弊俗으로 넘친다고 듣고 있습니다. (중략) [그러니] 재물을 베풀어 저들의 욕심에 따라 유도하면, 관리라고 할지라도 필시 [이쪽으로] 마음이 기울어져 내응해 우리 계책을 도울 겁니다. 하물며 빈천한 무리들이야, 바람 쓸리듯 우리를 향하도록 함은 손바닥 뒤집는 것과 같습니다(木村 1988: 122).

이처럼 조선의 백성들은 줄곧 학정에 시달려 온지라, 목마른 이가 물을 들이키듯 어진 은혜御仁惠로 귀순해 올 것이라 장담한 그였으나, 다른 한편으로는 겉보기론 유순할지라도 내심은 간사하고, 또 당해내지 못할 만큼 능히 치욕을 견뎌내는 조선인 특유의 속성상 끝내 따르지 않을 우려도 있음을 지적한다(제5책. 일본(神州)의 무위와 용기를 과시함).

제일 핵심은 병기를 갖추고 무력을 익혀, 여차하면 싸울 기세戰鬪殺伐를 즐겨 내보이는 것입니다. (중략) 차차 군함을 저들 땅으로 왕래케 하여 근해에서 해군 조련을 명해...포성과 창검 소리가 원근에 울려 퍼지게 합니다. [그러면] 황국의 의용과 상무의 기상을 한인들이 익히 알게 되어, 온 나라가 홀연 유린당할까 크게 두려움을 품게끔 항상 간담이 서늘케 해야 한다고 생각합니다(木村 1988: 123).

이와 같이 일단 '두려움畏怖'를 품게 되면, 저 서양 오랑캐에게조차 항복 외에 달리 계책이 없다고 할 정도로 또한 원래 겁이 많고 유약한 조선인들의 성정 상, 무난히 굴복하게 되리라는 것이었다.

이렇게 해서 현실적으로 가능할 지 여부와는 별도로, 적어도 수단 면에서 는 스스로가 언급한 관용과 압박寬猛 양편 모두가 갖춰진 셈이었다. 하지만 문제는, 대체 무엇을 목적으로 이만큼의 수단까지 써야 하는지에 있다. 애초 에 해당 방책들은, 조만간 있을지 모를 서양 세력의 조선 진출이란 '만일의 사태'를 상정해, 그런 일이 터지기 전에 '미리' 조선을 도모해 둬야 한다는 대전제에 입각해 있다. 따라서 조선을 '복종'시키겠다고 내건 점에서야 분명 정한론이라 이를 만하다. 하지만, 정작 이를 통해 하겠다고 거론한 목적들, 즉 그간 수출을 엄금해 온 병기 수출을 허용해 "동심합력의 성의"를 내보이겠 다거나(제3책. 양국의 금제를 깨트림), 물산의 공동개발(제4책. 양국의 산물을 개척함), 혹은 동아 시아 단위의 무역 활성화(제6책. 청국으로의 상로를 엶) 등을 보자면, 교역을 통한 부국 강병 및 해군의 충실을 강조했던 가쓰의 소위 '삼국연합책'을 연상하게 하는 지라 통상적인 조선 정벌론과는 분명 거리가 있다(瀧川 2005: 40 8).

그렇다면 실제로 노렸던 것은 무엇이었을까. 흥미롭게도 제1책(양국 교제의 규칙을 고침)에는, 이상에서의 추상적인 목표들에 비해 유독 구체적으로 기술된 다음과 같은 "착안하실 제일 첫째가는 일"이 언급되어 있다.

예전에는 내이포와 부산포, 염포의 세 포구를 개항해서, 저희 쓰시마 번 남녀 2천 명 정도가 영구적으로 거주하며 교역 및 어업 등을 영위했습니다. (중략)

[지금] 역시 여기저기를 개항시켜 토지를 빌리고, 왜관居館을 마련해 크게 교역을 열며, 각종 산업을 각기 제 뜻에 따라 오래도록 영위 할 수 있도록 계책을 세워, 드디어는 삼포의 옛 사례처럼 처자와 가족을 데리고 건너가 자연히 조선에 영구토록 거주케 합니다(木村 1988: 120).

이처럼 무역을 확대하여 "양국 사절이 가벼운 차비로 자주 왕래해 수도에도 가고, 허식과 불필요한 비용은 줄"이자는 것, 이야말로 쓰시마 번이 근세 이래 줄기차게 도모해온 전통적인 숙원 사업 그 자체가 아닌가?

따라서, 쓰시마의 입장에 서서 보자면 오시마의 논리는 사실 다음과 같이 정리해 볼 수 있다. 즉, 설득을 통해서든 강제를 통해서든 그간의 전통적인 조일관계가 일신된다면, 그 와중에 조선-쓰시마 관계상의 오랜 제약 또한 "고루한 쇄국의 구폐偏固鎖国之旧弊"로서 자연스레 함께 풀릴 터이니, 그 때 친목과 협력의 명목 하에, 혹은 "식민植込" 차원에서 '쓰시마가' 적극적으로 조선에 다시 진출한다, 고. 그리고 이처럼 당장의 노림수가 통교상의 옛 전성기 때 규모의 회복 쪽에 가까웠다고 한다면, 앞서 수단으로서의 '힘' 운운한 부분 역시 조선 정벌이라기보다는 오히려 일찍이 아메노모리 호슈가 통갈수법이라 탄식했던 전통적인 맥락에서의 압박 가하기의 변주에 불과했던 것은 아닐까.

그즈음(17세기 초반)까지만 하더라도 임진전쟁으로 인한 영향乱後之余威이 여전했던지라 일본 쪽의 위세가 등등했고, 조선쪽의 두려움도 지극하던 시절이었다. 그래서 일본인들이...눈을 부라리고 얼굴을 붉히며 소리를 고

래고래 지르면서 역관들을 나무라는 데 대해 조선 쪽 기록에는 거리낌 없이 울부짖는 듯하다大肆咆哮라 적혀 있다. (중략) 이런 표현으로 일본인이 성내는 모습을 묘사한 것은 짐승에다가 비유한 말이어서 욕설이기는 하지만, 그 때까지만 하더라도 조선 사람들이 일본인을 호랑이처럼 두려운 존재라 생각하고 있었음을 이런 표현을 보면 알 수 있다. 그랬던지라 [압박을 통해 원하는 대로 받아내니]...성가실 일이 없다고 기뻐하던 터였다(아메노모리: 61).

사실, 여기에서처럼 그 위세 부분을 중앙권력에 기대어 호가호위하듯 도모해, 이를 다시 쓰시마를 위한 국면 전환용으로 활용(하려)한 시도는, 비단 이때뿐이 아니라 이후 메이지 시대로의 근본적인 변화를 거친 후에조차 되풀이되던 그런 바였다(関 2017: 223).

새 부대 속의 묵은 술?

가상의 적에게 도리어 그 방위비를 의탁한다는 것

이런 식의 기존 주장의 변주는 이뿐만이 아니다. 쓰시마 측의 경우, 위기 상황이 발생할지 모른다며 그 같은 만일의 '사태事變'에 대비해 병비를 갖춰야 할 필요성을 내세워, 이로부터 원조를 요구해 나간다는 방식 자체가 실은 줄곧 "일상화" 되어있던 바였다(田代 2007: 87). 즉, 이런 식의 청원이론의 기초를 놓았다고 일컬어지는 아메노모리 호슈의 주장에 따르면, 원나라의 침입에 맞서 1274년에 쓰시마 번의 시조 소 스케쿠니(宗助国 · 1207~1274)가 전사하기까지한 역사적인 실례를 보더라도, "일본을 지키는 울타리藩屏와 같은 요지"로서쓰시마의 방어태세武備가 갖는 중요성은 명백하다. 관련해서 그의 손자에해당하는 마쓰우라 게이센(松浦桂川 · 1737~1792)은 훗날 이에 관해 다음과 같이 주장한다.

> 진시황과 한무제, 당태종은 외국을 정벌한 영웅으로...[저들이 과연] 멀리
> 일본까지 치러오려 했을까 싶겠지만, 일본의 히데요시는 중국을 얻고 은거
> 하려 했습니다. (중략) 히데요시가 중국을 정벌하는데 조선에게 길을 빌리
> 고자 했는데, 우리 가는 길이 곧 저들이 오는 길인 겁니다我之行路, 即彼之来路也.
> 그에 더해 중국뿐만 아니라... 오늘날 청나라 등, 모두가 북쪽 오랑캐로 사나
> 우며 노고를 마다하지 않는데... 조선의 서쪽에 있으니 일본으로서는 대비
> 해 막는 것이 마땅함에도...[모두들] 깨닫고 있지 못해 안타깝습니다(松浦1929:
> 66-7).

어찌 되었건 한반도로부터의 침략은 엄연한 역사적 사실 아니던가? 실제로 고려군이, 뒤이어 조선군이 침입해 오지 않았던가. 중국이든 오랑캐든, 혹은 조선이든, 저들이 쓰시마는 내버려두고 큐슈 등지로 섣불리 직행한다면야 두려워할 것이 없지만, 우선 쓰시마를 취해 근거지巢窟로 삼아 차근차근공략해 들어온다면 이야말로 크게 근심할 일이라는 것이었다.

나아가, 이와 같은 가정으로부터 또 하나의 '만약'이 파생되어 나온다. "만일의 사태亂世가 생겨 일본과의 교통이 끊어져, 조선의 쌀이 들어오지 않게

될 날이 온다면"(松浦 1929: 72)? 일찍이 후루카와 즈쇼(古川図書 · 1750~1790)도 지적하였듯, 저 나라(조선)에 대해 마련해 둔 방비의 재원을 바로 저 가상 적과의 통상 이윤으로 감당한다고 하는 것은, 국방武略 차원에서 볼 때 근본적 으로 말이 되지 않는 구조였다(鶴田 1986: 170). "일본과 조선 사이의 관계가 좋을 때야 교역도 계속될 겁니다만, 만일 우호관계가 단절되거나, 혹은 청나라나 조선으로부터의 전쟁이라도 벌어진다면 교역도 즉시 단절"될 터이기 때문 이다(田代 2007: 38-9).

다시 앞서 오시마의 건백서들을 상기해 보자면, 결국 침략의 주체가 서양 오랑캐들로만 대체되었을 따름이다. 쓰시마의 점령 가능성, 그런 경우 양식 을 조선에 전적으로 의지하고 있는 식량 안보적 조건상 크게 문제가 되리라는 그 기본 논리에 주의해 보자면, 아메노모리 이래의 상투적 논법에서 크게 벗어나지 않고 있음을 알 수 있다(田代 2007: 87). 그리고 이렇게 경계 대상을 그즈음 초미의 관심사로 떠오른 서양 오랑캐 전반으로 전환 시키는데 발맞추어, 본 래 '울타리'론의 골자를 이루던 타국으로부터의 습격이라는 역사성은, 이제 서양 세력의 접근에 따른 동시대적인 대외 위기로 변용되었다(吉村 2014: 55). 조선 이 점령될지 모른다는 위기론은 바로 이런 와중에서 새로 포장된 '가정'이었 던 것이다.

또 하나의 '조선' 비하하기

하지만, 쓰시마가 조선의 약체성을 부각시켜 활용하려던 것이 어디 이때 가 처음이었을까? 예를 들어 조선과 도쿠가와 막부 양편에 대한 종속관계兩屬

에 놓여있던 쓰시마의 정체성 문제와 관련해, 이를 명확히 "일본本朝의 번신"
으로 자리매김한 것으로 유명한 스야마 도츠안陶山訥庵[7]은, 그런 제 주장을
합리화시키는 과정에서 조선을 다음과 같이 매도하지 않았던가(石田 2010: 15; 松本
2018: 370).

(전략) 우리 땅에서 나는 곡식만으로는 새로 유입되는 유민들을 부양할 수
없어 귀국(조선)을 매번 침범하곤 했습니다. [그런데] 귀국은 겁이 많고 약해
빠진지라怯弱 외적을 제대로 막아내지 못해, 우리 쓰시마 및 큐슈 여러 주吾州
及鎮西の諸州에 청해 세견선을 받아들이고 송사를 접대하는 약정을 정했습니
다. 이미 자신의 변경을 지켜낼 무력을 갖추지 못한지라 도리어 외적寇을
대접하였으니, 이것만으로도 귀국의 치욕이라 할 바입니다(陶山 1929: 373).

그의 주장은 이런 것이었다. 즉, 당신네 조선에서는 우리 쓰시마를 두고
공공연히 본래 신라 땅鷄林에 속했었다느니, 심지어는 우리를 바다 밖 섬이라
관리가 어려운 틈을 타 점거해 소굴로 삼고 있는 오갈 데 없는 무리倭奴之黠於其
國而無所歸者라느니 모욕해 왔다.[8] 그러면서 복종하지 않으면 정벌해, "어린아
이와 부녀자까지도 하나 남김없이 뭍에서는 까마귀와 소리개의 먹이로, 물
에선 물고기와 자라 배를 채우게" 만들어버리겠다 위협하기까지 했다. 하지
만 이렇게 되어버린다면 가련키 짝이 없는지라, 양심을 확충해 도둑질하는

---

7) 陶山訥庵(1658-1732). 통칭 陶山庄右衛門. 쓰시마 출신의 번사였다. 명유 기노시
타 쥰안(木下順庵)을 사사한 유자로서, 각종 농정진흥책 및 당시 바쿠후의 겐로쿠
살생금지령에도 불구하고 농가의 피해구제 차원에서 '猪鹿追詁'를 결행하는 등, 지
방관으로서 봉직 시의 치적으로 유명하였다.
8) 『신증동국여지승람』23 「경상도」; 『동문선』24 「諭對馬州書」

것을 부끄럽게 여기고, 천지 사이의 삶을 함께 영위할 수 있게끔 복종을 전제로 왕래를 허락해 주었다는데, 이는 지극히 왜곡된 주장이라는 것이었다(세종실록/세종1년/07/17; 陶山 1929: 371 및 377).

즉, 스야마에 따르면 실상은 오히려 쓰시마에 대한 해마다의 공물歲幣에 다름 아닌 셈이었다. 그런데, 이와 같음에도 불구하고 조선이 그토록 고압적인 자세를 취할 수 있었던 것은 어째서일까? 그것은 평시에도 도적질하거나 남의 것을 앗지 않으면 감당할 수 없으리만치 부족한 불모지로서, 그러한 쓰시마의 상황이 궁극적으로는 불리하리라 자신한 덕분이다. "만약 경상도에서 미곡 운송을 하지 않으면 쓰시마, 무엇으로 기르고 기아를 면하리?"

이를 반박해 가며 그는, 섬내 농업기반의 확충 및 인구조정정책을 통해 조선으로부터의 경제적인 독립을 도모할 수 있다는, 또 그리 해야 한다는 경세론을 제시하고 있는데, 흥미로운 것은 그러한 와중에서 다시금 조선에 대한 비하를 활용하고 있다는 점이다(米谷 1995: 42).

> 귀국은 토지가 비옥하고 땅이 넓어, 생각건대 만민을 기르는데 충분할 터입니다. 하지만 우리 주 사람들이 왜관和館에서 보고 듣는 바, 귀국 백성들은 흉년을 만나면 도로상에서 굶어 죽는다지요. [그에 비해] 우리 주의 향촌에선 흉년이라도 길 위에서 아사하거나 하지는 않으니, 해초와 풀뿌리海菜草根로 부족한 부분을 채워 내기 때문입니다(陶山 1929: 375).

그런즉, 무역밖엔 살길이 없다고 여기는 저 식견이 부족한 무리들 이야기에 기대어, 통교가 끊어지면 쓰시마 사람들이 굶어 죽게 되리라고 여기는 것은 섬 내의 실상을 오판한 데 불과하다는 것이다. 혹 통교가 어그러지더라도 사정을 도쿠가와 막부에 아뢰어 올리면, 우리 백성을 어찌 굶어 죽도록 내버려 두겠냐고 반문한다. 즉, 군더더기 백성餘民 및 뜨내기 무리浮民들을 일본 내의 땅은 넓되 인구는 부족한 다른 지역으로 옮기면 "귀국과 통교하지 않고서도 오히려 평안해질 수 있다"고 자신한다.

스야마가 보기에 진짜 문제는, 도리어 쓰시마 사람들이 유일한 생명선처럼 여기고 있는 조선과의 무역에 다름아니었다.

> 우리 주(쓰시마)가 귀국(조선)과 통교하는데 해상 및 육상에서의 부역農民海陸の民役이 심히 많은지라, 농민들이 곡식을 심고 길쌈하는데 걸핏하면 때를 놓칩니다. 따라서 우리 주가 만약 귀국과 통교를 그만두고 농업에 전념해 부내의 뭇 관리들이 농사일 쪽의 정사農の方の政事에 마음을 다한다면, 곡식이나 갖가지 채소를 지금 수준의 절반만 심어도 배나 거둘 겁니다(陶山 1929: 375).

요컨대 "우리 주가 갖춰지지 않고 평안치 않은 것이 모두 귀국과 통교해 물화를 교역해서 얻는 데 있다"는 식의 적반하장이었다.

앞서 쓰시마에 대한 타이르는 글의 저자인 변계량(卞季良·1369-1430)이나, 조선 쪽 『동국여지승람』(1481)에 비해 자국 역사서에서의 기술이야말로 더 오래되었으니 더 믿을 만하다는 그의 주장에는 분명 억지스런 측면이 있다. 혹은 이런 고증 문제는 차치하고서라도, 인구 분산이나 농업 진흥책만으로도 위기를 능히 타개해 낼 수 있을 지에 대해서는, 당시 쓰시마의 여건을 고려할 때 적지 아니 의문이 남는다. 하지만 여기서 주목할 부분은 그 타당성 여부라

기보다, 대외적으로든 대내적으로든, 명분의 차원에서든 혹은 앞서 바쿠마
츠 때의 위기론 같은 수단상의 차원에서든, 필요에 따라 어디에도, 또 어떻게
도 갖다 붙일 수 있는 구실로서 '조선'이 활용되고 있다는 데 있다. 이점에서는
훗날 내놓은 이른바 '조선 위기론' 역시 그다지 벗어나지 않는다고 할 수 있다.
다만, 문제는 그 여파 쪽이었다. "사태가 어찌 돌아갈지 알지 못한 채" 쓰시마
는 어느 때처럼 조선이란 '방편'을 활용해, 자신들의 존재가치와 특수권익을
부각시키려 하였다(르페브르 2002: 173). 하지만 금번의 이런 시도는, 메이지 유신
을 전후한 국내외의 시대적 격변과 맞물리면서, 쓰시마의 경험과 예상을 아
득히 뛰어 넘어 '정한'이라는 전혀 새로운 국면으로 부풀어 나갔던 것이다(현명
철 2003: 205).

목적과 그 방편

그즈음 도쿠가와 막부 측의 한 의견서는, 앞서 조선 위기론을 두고 이렇게
평하고 있다.

작년(1863) 쓰시마에 양곡 3만석을 내려준 것은, 양이 및 쇄항 명령을 받았
던 때에 조선으로 원조차 건너가援助出張 오랑캐를 격파하고, 무력으로 [조선
을] 복종시키라는 수당으로서 해마다 지급케 해 준 것이다. [하지만] 조선에
대한 처치는 오랑캐가 집어삼킬蠶噬 가능성이 있다기에 나온 것인데... 서양
오랑캐가 조선에 주둔屯居 하고자 한 지 오래라느니, 저들을 내쫓는다느니
하는 것은 전혀 불가능하다. 또한 조선도 약한 나라라고는 해도, 청조의
속국인지라 이를 복종시킨다는 것 역시 가능하지 않다. (중략) 죠슈長州藩의

양이와 쓰시마의 조선 처치는 표리를 이루는 역모이므로, 지금 와서는 결코 채용할 수 없다(外務省 1953 : 933-4).

요컨대 막부 쪽에서도, 죠슈를 비롯한 양이파의 발호라는 정세 탓에 이를 뒷배 삼은 쓰시마의 주장을 일시적으로는 받아들이려는 듯 원조해 주었지만, 실제로는 그런 논리가 얼마나 억지스런 것인지 이미 잘 파악하고 있었음을 알 수 있다. 그리고 이런 와중에서, 정한론의 첫 번째 발흥, 즉 1863~4년을 전후한 시기에서의 쓰시마의 원조운동 그 자체는 무위로 돌아가게 되었다(현명철 1998: 157).

하지만 중요한 것은, 그렇다고 이와 함께 방편으로서 조선 활용마저 그친 것이 아니라는 데 있다. 당대의 정세는 오히려 더더욱 조선문제가 부각되는 쪽으로 흘러갔으니, 왕정복고의 서계 문제를 둘러싼 1870년의 두 번째 정한론의 발흥과 함께, 이제는 굳이 강변치 않더라도 조선 문제는 일본 전체의 핵심적인 문젯거리로 자리 잡게 되었던 것이다. 그러자 쓰시마 측은 늘 그랬듯 다시 그에 발맞추어, 이번엔 그간 조선과의 통교는 일본의 국위를 손상 시키는 '사사로운 교류私交'였던 바, 그 발본적인 개혁이 필요하다는 식으로 자신들의 주장을 새로 포장하고 나섰다(米谷 1995: 50). 하지만 이 같은 포장지를 풀어헤쳐 보면, 그래서 결국 무얼 말하고자 했던가? 요충지이되 항시 식량과 군대가 결핍되어 울타리로서의 임무藩屛守辺를 다할 수 없다는 것, 이를 해결키 위해서는 전통적인 외교적 폐단弊礼을 속히 갱신시켜야만 한다는 것. 게다가 근년의 서양 오랑캐와의 군사적 충돌에서 단적으로 드러나듯, 조선을 둘러싼 정세가 어찌 전개될지 모르니 선제적 조치를 취해야 한다는 것, 이 때 우선은 은혜御仁恩之御主意로써 간곡히 타이르되, 저들의 완고한 구습 상 따르지 않으면 혁연히 웅징해야 한다는 것(色川大吉외 1986: 20-21). 1868년의 이런 「조선과의 외교책朝鮮国交際之儀」에서의 핵심 주장들은, 1863년 이래의 조선-일본통교에 대한 변혁 노선 및 조선 진출론에 기초한 것이었으니, 실상 앞서 살펴본 1864년의 건백서와는 어구 및 표현상의 유사성마저 눈에 띈다(関 2017: 223).

정책적 건의로서 쓰시마 측의 주장은, 이렇듯 정치적인 상황에 따라 때로는 받아들여지기도, 때로는 철저히 무시되기도 했다. 사실 이러한 구조적 변혁 그 자체는, 본질적으로 보다 큰 차원에서의 대외적인 교제 방식의 쇄신과 직결된 지라 쓰시마 스스로의 표현대로 감히 일개 번이 감당할 수 있는 차원 너머의 문제였다고 하는 편이 적절할 터이다. 덕분에 그간 쓰시마의 구상과 시도는, 가쓰나 기도와 같은 거물들에 대한 분석이나 이후 불거질 아시아 근린 국가들과의 관계 문제, 혹은 근세 이래의 일본 중심주의의 전개에 입각한 고찰과 같은 정한론 논의의 핵심과제에 비해서는 "곁다리"처럼 취급되어 왔다(瀧川 2005: 390). 하지만 바쿠마츠에서의 쓰시마 측의 시도는, 이상에서 살펴보았듯 오히려 조선의 활용이라는 수단상의 전례로서 그 중요성을 갖는다. 그뿐 아니라, 이런 와중에서 기왕의 양국관계를 '치욕'이라 위치 지움으로써, 조선에 대한 종래의 막연했던 비하의식이 현실정치 차원에서의 대결의식으로 구체화 되는데 결정적으로 기여했던 것이다(현명철 1998: 159).

물론 이런 인식상의 왜곡이나 대외적인 위기의 활용 같은 측면들 그 자체
는, 쓰시마 (및 일본)에만 국한되지는 않을 터이다. 역으로, 일본에 대한 조선
측의 경우는 어떠했던가? 조선 후기를 통틀어 수십 종의 판본이 나올 만큼
인기를 구가해, 당시 조선에서의 임진전쟁에 대한 "시대의식"을 결집한 작품
이라 일컬어지는 『임진록』을 보라. 사실 앞서 이번 장 첫머리에서 살펴본
야도의 언설은, 요컨대 일본 내에서 역사적 사실이 어떤 식으로 비틀린 채
대중화된 기억으로 자리 잡았는지를 보여준다. 그리고 이런 대중적 기억의
비틀림은 조선이라고 해서 다르지 않았다.

> [일본] 왕이 항서를 올리고,
> "조선과 일본이 서로 강화하여 형제지국이 됨이 어떠하뇨."
> 사명당 묻기를, "그러하면 어느 나라가 형이 될꼬?"
> 왕 답하기를, "조선이 형이 될까 하나이다."
> 사명당 묻기를, "그러하면 해마다 무엇으로 조공貢하려 하느뇨?"
> 왕 답하기를, "다만 가볍고 귀한 보배輕寶로 매년 한차례씩 바치리이다捧上."
>
> (소재영外 2015: 259).

"왜왕을 항복 받아 항복문서를 받은 후에 형제의 나라로 정"했으니 곧
조선이야말로 승전국에 다름 아닌 것처럼 되어 있는 데서 알 수 있듯, 요컨대
조선에서도 일본이 조공했다는 식으로 상상되고 또 유통되었음을 알 수 있
다. 다른 한 편으로 대외적 위기의 활용 쪽은 또 어떨까? 청나라에 짓밟힌
뒤, 저들 눈치를 보며 국방 재건의 활로를 모색해야 했던 조선이 택한 전략적

방편 역시 바로 곁의 가상의 적, 즉 일본의 위협 부풀리기가 아니던가. 그리하여 인조는 이렇게 지시했던 것이다. 우리 "수군을 조발하면, 왜인들이 그 틈을 타 치고 들어올지 모른다는 뜻或不無倭人伺釁之端을 [청나라 사신과] 대화하는 도중에 슬쩍 언급하는 게 좋겠다"(『인조실록』 인조17년 11/26).

이런 상투적인 수단으로서의 '(가상의 적이) 우려할 만하다倭情可慮'는 논리는, 그것이 정세 판단에 입각한 가정에 따른 것인 만큼, 상황이 변화할 경우 쉬이 무력화될 수밖에 없었다(김태훈 2014: 66). 여기까진 조선의 경우에서든 쓰시마의 경우에서든, 강한 이웃들 틈에서 국제적인 정세를 능동적으로 추동키는 어려웠던 주변부 세력들로선 별반 다를 게 없는 기본조건이었다. 하지만 쓰시마의 경우가 특이했던 것은, 이런 인식과 당위성 및 수단을 그때그때의 최신 동향에 맞게 '재'구성하고 '재'포장해, 뭇 세력들 사이에서 거듭 적극적인 "세일즈"에 나섰다는 데 있다(Gladwell 2000: 70). 그리고 이러한 와중에서 쓰시마의 선구적인 시도, 즉 방편으로서 조선을 활용한다고 하는 선택지는, 점차 다양한 진영의 한반도 진출론자들에게 혹은 정략적 차원에서의, 혹은 정책적인 차원에서의 노림수를 위해 '재활용'되기에 이르렀던 것이다(関 2017: 215).

과연 앞에서와 같은 일련의 '정한론'들은, 조선 정벌 그 자체가 목적이었다고 할 수 있을까? 그보다는 일찍이 다보하시가 결론지은 것처럼 정한론을 지렛대 삼은 "적본주의敵本主義", 즉 딴 데 목적이 있는 듯 꾸미다가 틈을 보아 본래 목적을 향하는 식의 기만적 시도로 보는 편이 더 적절치 않을까(다보하시 2013: 310). 그리고 이 점에서는 일반적으로 가장 널리 알려져 있을 세 번째 정한론의 발흥, 즉 1873년의 이른바 '정한론 정변' 쪽 또한 사실 별반 다를 게 없어 보인다(伊藤 1942: 259). 이러한 측면에서 도쿠가와 막부의 쓰시마는, 이후 전개될 양국관계의 숱한 우여곡절에서, 말하자면 방편으로서의 조선 활용을 '고착'시킨 셈이었다(Gladwell 2000: 92).

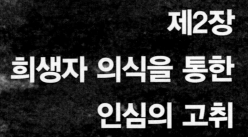

제2장
희생자 의식을 통한
인심의 고취
– 방편으로서의 '왜(倭)'

희생자 의식을 통한 인심의 고취

- 방편으로서의 '왜(倭)'

들어가며 : '배타적 일체감'이라는 문제

　　1770년(영조46) 12월 25일, 제주도 출신의 장한철(張漢喆 · ?~?)은 과거를 보러 뭍으로 상경하다 표류해, 류큐 열도의 어느 무인도에 표착하게 된다. 곧이어 맞닥트린 일본인의 약탈로 한때 절체절명의 위기에 빠졌던 그는, 이후 명나라 유민을 자처하는 안남출신 중국인 상인의 도움으로 간신히 목숨을 부지할 수 있었다.

　　이에 따라 그가 저들 각각에 대해 분노와 고마움을 드러낸 것은 물론 자연

● 이 장은 2022년에 간행된 「우리 비통한 '형제들': 방편으로서의 왜란의 기억」(「동북아 내셔널리즘의 형성과 변화」, 2022, pp.89-108)를 수정·보완한 글입니다.

스러울 터였지만, 흥미로운 것은 이때 그러한 감정을 어찌 형상화 해 냈느냐는 점이었다.

> 아아, 왜노는 원수다. 마땅히 하늘 아래 같이 살 수 없는 원수다. … 두 왕릉(정릉과 선릉)의 소나무와 잣나무는 가지가 나지 않더란 시를 읊을 때마다 이 내 간담은 절규하고 이 내 피는 혈관에서 끓어올라 우노라. 왜놈이여, 왜놈이여, 마땅히 베야 할 터구나. 사람들이 천 번이라도 칼로 마땅히 찔러야 할 터구나(장한철 1993: 59).

> 내가 울며 [구해준 중국인 상인에게] "우리 역시 황명(皇明, 즉 명나라)의 적자입니다. 임진년에 왜구가 우리 조선을 함몰시켜 우리를…도탄에 빠지게 했는데, 우리들을 능히 어려움에서 되살려준…것이 어찌 황명의 재조지은이 아니리요. …"라 말했다(장한철: 63-4).

잘 알려진 대로 제주도는 전화가 미치지 않았던 곳이며, 더군다나 이 무렵은 이미 임진전쟁 그 자체로부터도 두 세기 가까이 세월이 흐른 시점이었다. 그러함에도 이런 주변부의 인물마저 여전히 임진년의 기억을 통해서 '왜'에 대한 적대감을 표출하고 있는 것을 어떻게 해석하면 좋을까. 사실, 이렇게 시공과 계층을 건너뛴 '원수의식'은 비단 18세기 유생 장한철의 경우에만 국한되지 않는다. 단적인 사례로 약 한 세기쯤 뒤에, 「안심가」에서 일본을 향해 임진년 못된 짓을 한 저 "개 같은 왜적 놈"들을 하룻밤 새 멸망시켜 버리고, 그런 시말을 무궁히 전하려 한다고 저주를 퍼붓던 최제우의 경우에서 알 수 있듯, 그 후에도 되풀이 반복되던 바였다(윤석산 2009: 387-8).

이처럼 소위 '영원한 원수萬歲怨 · 九世復讎說'로 표상되는 임진년 이래의 일본에 대한 원수의식은, 그저 이념적 구호로서만이 아니라, 어느 연구자가 한국 민중들 사이에서 일종의 유전자처럼 계승되었다고 묘사하리만치 조선에서는 보편적 정서의 일환으로써 자리 잡았던 것으로 보인다(하우봉: 2006, 55). 그렇다면 이런 뚜렷한 "배타적인 민족적 일체감"은 민족주의와 관련해 "집단적 소속의식"과도 결부될 수 있는 것일까(던컨 2007: 149; 홉스봄 2012: 94)? 홉스봄의 지적대로, 예외적으로 분류될 만큼 긴 세월 동안 (비교적) 등질적인 집단이 환경과 생활조건을 같이해온 가운데 함께 치러낸 이 땅의 '우리네' 고통이란, 그 집단기억은 "공동체적 생활의식"의 발양에 어떤 식으로든 영향을 미쳤을 터이다(김대환 1985: 48). 하지만 이를 곧 "nation 바로 앞" 단계로까지, 요컨대 "민족"의 탄생과 연결 지을 수 있는 것일까(김자현 2019: 15; 같은 책: 26-8).

관련해서 기무라는, 개화기를 전후해 전통적인 신하 · 백성 간의 구별의식이 여전한 가운데에서도, 대외적인 위협, 특히 일본에 맞선 '우리'로서의 집단의식이 적극적으로 제기되었음을 인정한다. 단, 그럼에도 불구하고 피아敵邊人 · 國邊人간의 자타인식에서처럼, 여전히 전통적인 문화적 구분에 입각해 사유하고 있던 이항로 등 위정척사파 인사들의 경우에서 알 수 있듯, 근대적인 네이션의 측면에 비춰 보자면 이른바 '세로벽' 차원에서의 한계점은 여전했다고 주장한다(기무라 2007: 125).

확실히 1909년의 시점에서조차 전라도 지역의 어느 격문에서 "수치를 무릅쓰고 머리와 관복을 변경"해 저편에 붙은 자들이라 표현[1]하고 있는 데서

---

1) "各郡에 一進會支部·巡檢·巡隊·技藝人設置 反對廣告"(1909.02) 「暴徒檄文第四輯(12713)」 『統監府文書』9, (과천: 국사편찬위원회, 1999). p.132

단적으로 드러나듯, 기왕의 전통적인 인식 틀이 그때까지도 상당한 영향력을 미치고 있었음은 분명해 보인다. 실제로 비슷한 시기의 다른 격문들의 경우에서도, 요순과 주공, 공맹이 전한 도리가 없다면 "무엇으로 금수와 구별되랴"란 식 수사가 "백성들"을 향해 호소력을 갖는 구호로서 여겨지고 있었음이 확인되기 때문이다. 2)

하지만 주목해 볼 부분은, 그런 전통적인 가치관이 구체적으로 어떻게 표출되었냐는 점이다. 앞서 격서의 논자는, 지금 왜 어버이이신 임금君父께 충효를 다해야 할지 이렇게 설명한다.

> 너희 조부와 부친은 선왕先王의 국민으로 오백 해 동안 옷을 입고 밥을 먹으며 지금까지 이 나라 천지에서 길러졌으니, 조그마한 것도 모두 임금의 은혜라. 또한 우리들 모두가 왜적에게는 하늘 아래 함께 살 수 없는 원한이 있다. 너희 선조로서 옛적 임진년 난리에 피 흘리고 살이 찢기지 않은 자가 있었던가. 은혜에 보답하고 원수를 갚는 것이 사람의 상정[이라.]3)

이에 따르면 충효의 당위성은 그 자체로서만 추상적으로 상정된 것이 아니라, 오백 년 동안의 누대에 걸친 군부의 은혜란 "이 나라 천지"의 역사성과 결합되어 있다. 나아가 이런 구체적인 역사성은, 임진전쟁 때의 "전례 없던 혹독함" 부분에 이르러 더 한층 부각된다. 요컨대 이 땅의 모든 이는 대대로 함께 은혜를 누려왔고, 동시에 임진년 때 선조 중 누군가는 필시 저 왜적에

---

2) 위의 책, "朝鮮舊制 恢復 및 民族自存을 強調한 日人·親日勢力에의 濟州義兵所 通告文"(1902.02), p.135
3) 위의 책, "各郡에 一進會支部·巡檢·巡隊·技藝人設置 反對廣告", p.132

살해당했을 원한을 대대로 함께하고 있다는 점에서 '우리들'인 것이다.

그런데 여기서 한 가지 주의해야 할 점은, 이런 식의 묶기의 논리가 이때 처음 등장한 것이 아니라는 데 있다. 이상과 같은 수사는 임진년간의 효유나 당시 의병들의 격문에서 이미 등장했을 뿐더러, 전후에도 다양한 차원에서 동원의 방편으로 줄곧 구사되어 온 바였다. 따라서 이런 측면에서 보자면 앞서 한말 의병들의 경우는 오히려 기왕의 흐름을 충실히 따르고 있던 셈이었다.

요컨대 조선에서 임진년의 기억이란, 왜에 대한 무의식적인 원념으로서 의식의 밑바닥에 그저 가만히 깔려만 있던 침전물 같은 것이 아니었다. 국가적인 차원에서는 물론, 지역 및 개별 문중 단위에 이르기까지, 그런 보편적 정서를 동원의 기제로 활용하기 위해 무려 300여 년에 걸쳐 되풀이 호명해 온 일종의 정치·사회적으로 공인된 '방편'이었다고 할 수 있다(이규배 2008: 166-7). 그렇다면 이 같은 방편으로서의 왜란의 기억에서 '우리들'은, 그리고 이런 우리에의 귀속감은 실제로 어찌 규정되고 연결 지워졌을까?

한 연구자의 지적대로, 이런 왜에 대한 적대감에 대해서는 마치 어떤 "객관적 사실"처럼 전제되었을 뿐, 그 구체적인 실태에 대해서는 그간 제대로 규명되지 않았던 게 사실이다(이규배 2012: 29-30). 이에 본 발표에서는, 우선 임진전쟁 당시의 주요 사료로서 중 하나로, 특히 당시의 각종 격문들을 두루 전재하고 있는 것으로 유명한『난중잡록』에 대한 분석을 통해 묶기 논리의 기본구조에 대해 살펴보고자 한다. 이어서 후반부에서는, 이런 방편의 활용과 밀접하게 연동되던 조선 후기의 현창사업, 그 중에서도 특히 송상현과 관련된 충렬사를 중심으로, 그 적용대상 쪽 역시 '가로벽' 너머로 확장되어가는 양상에 대해 분석한다.

우리 비통한 '형제들'의 탄생

『난중잡록』은 남원의 의병장이었던 조경남(趙慶男 · 1570~1641)이 임진전쟁이 종결된 뒤 그간 수집해 둔 전투기록 및 교서, 그리고 격문 등의 자료들을 바탕으로 저술한 일기체 형식의 기록물이다. 해당 저작은 전쟁 중 전라좌도와 경상우도를 잇는 전략적 요충지였던 남원 지역에서, 그가 남원부사의 서기로 활동하며 각종 문서들을 직접 열람해 작성한 만큼 신뢰성이 매우 높은 정보들을 담고 있는 바, 이미 『선조수정실록』의 편찬 시 활용되었을 만큼 당시부터 주목받던 저작이었다고 할 수 있다(정구복 2011: 116-7).

이런 『난중잡록』에서 특히 두드러진 부분은, 총 41편에 달할 만큼 많은 수의 격문과 통문들이 실려 있다는 점이다. 이는 임진전쟁과 관련된 여타 어느 자료보다도 많은 숫자에 해당하는바, 이를 통해 당시 격문들이 입각해 있던 이념적인 축들을 재구성해 볼 수 있다.

우인수의 분석에 따르면, 이들 격문들은 기본적으로 '의(의리)'와 '충(충효 · 충의, 그리고 충의지사)', '위국(위민 및 백성이 겪게 된 참화)', '(위정자로서의) 책임'과 '복수'의 다섯 요소들을 일부, 혹은 복합적으로 담고 있다(우인수

2015: 11). 그런데 이 중 특히 주목을 끄는 것은 복수의 축이다. "임금이 욕을 당하면 신하는 죽어야 하는 법", 하물며 대대로 휴양·은혜를 입어온 신민으로서 누구나가 우리 임금에 대한 원수를 갚아야 마땅하다는 식의 '설치雪恥'의 요구는 전쟁 초부터 줄곧 등장하던 바였다(조경남 1982a: 354). 그런데 전란이 지속됨에 따라, 이같이 "아랫사람은 윗사람을 위해 죽겠다는 마음"을 가져야 한다거나, 천지의 법도와 도리로서 "군신 간의 대의" 같은 추상적인 당위성의 요구와는 상이한 설득의 논리가 등장하기 시작한다. 예를 들어, 당시 영남 초유사로 내려온 김성일은 격문을 통해 이렇게 주장한다. 그간의 전쟁이 기본적으로 "백성들의 이해"와 무관했던 전쟁이었던데 반해, 금번 왜의 침공은 처음부터 모든 것을 빼앗으려는 생각으로 온지라, 부녀자는 사로잡아 처첩으로 삼고 장정은 남김없이 도륙하고 있으니, 백성들 또한 그 해독에서 벗어날 수 없다. 따라서 일어나 맞서 싸우지 않으면 산속에서 굶어 죽든지, 혹은 부모처자가 저들의 포로로 전락하든지로 귀결될 따름이란 것이었다(조경남a: 360).

이런 경고는 곧 현실로서 닥쳐오게 되었다. 본래 전란 초의 인심은, "다만 성이 높고 참호가 깊고… 칼날만 예리하면 왜적을 막을 수 있으려니 생각해 중앙과 지방에 신칙하여 엄하게 방비"하게 했건만, 차라리 그렇게 "성 쌓고 참호 파는 일"을 덜어 백성의 힘을 후히 길렀어야 했다고 선조 임금 스스로가 자책하였듯, 전쟁 전에 강행되었던 전비강화의 부작용으로 이미 조정으로부터 극히 이반되어 있던 상황이었다(조경남 1982b: 505). 그런 탓에 김성일의 치계에 따르면, 원망에 찬 백성들이 왜국에는 "요역이 없다는 말"을 듣고 마음속으로 이미 기꺼워하던 차에, 다시 저들이 실제로 포고를 내려 민간을 회유하니

왜에 붙게 되었다는 것이었다(선조실록/선조25/06/28). 그에 더해 잘 알려진 것처럼 선조의 무리한 파천과 그 과정에서의 거듭된 거짓말은 뭇 백성들을 "경악"시 킨 바, 인심을 더 한 층 이산시켜 버렸다(선조실록/선조25/06/24).

그런데 도원수 김명원의 5월 10일 서장에는, 두 세력 사이에서 흔들리던 조선 백성들의 민심이 어떻게 해서 일본 측으로부터 결정적으로 멀어지게 되었는지에 대해 다음과 같이 묘사하고 있다.

> 왜적이 서울을 점거하게 되자...무릇 혈기가 있는 자는 다 그 해독을 입기 이르렀고, 우리나라 사람으로 왜적의 앞잡이 노릇을 하던 자들 역시 흩어져 가버렸습니다. 시끄럽게 외치고 드나들던 자들[이]...호통 치던 기세는 없어 [졌습니다.] ... 전날 두려워하던 자들은 분격하고, 살아나기를 꾀하던 자는 원망하고 성내어, 다들 왜적을 무찌르고자 생각[하게 됐습니다.](조경남a: 384)

이것이 과연 사실이었을까? 홍미로운 것은 경상우ᆎ감사 김수 역시 선조 와의 인견 시 이와 상통하는 의견을 내놓고 있다는 점이다. 심지어 그는, 저들 이 살육을 함부로 한지라 어리석은 백성들도 비로소 "싫어하고 괴로워하는 마음"이 생겼지, 만약 그렇지 않았다면 민심을 돌리지 못하였으리라고 까지 극언할 정도였다(선조실록/선조25/11 /25).

이 같은 견해가 당시의 실제 상황과 정말로 부합했는지와는 별도로, 이제 조선 사람치고 누구 하나 저들의 피해를 받지 않은 이가 없다는 식의 수사가 여러 격문에서 나타나기 시작했다. 예를 들어, 김천일 등과 함께 활약했던 의병장 송제민(宋齊民·1549~1602)은, 저들이 남의 처자와 자매를 잡아다 간음해

잇달아 죽게 만들었고, 부형을 찔러 죽이며 아이들을 삶아 죽이는 등 온갖 "악독한 짓窮凶極惡"을 범한지라, 그로 인해 "몇천만"이나 되는 무고한 백성이 죽어나갔는지를 열거한다. 따라서 저 왜적의 토벌은 심지어 "불충불효한 자들"마저 바라마지 안을 지경이란 것이었다.

곧이어 그는, 여기 이렇게 고통당하고 있는 우리들이 개개 남남이 아니라, 대대로 이 땅에서 함께 태어나 살아온 "형제의 의"를 같이 한 존재라는 점을 부각시킨다.

> 아! 배를 함께 타다 물에 빠지면 서로 건져줌이란 북쪽 오랑캐胡와 남쪽 오랑
> 캐越도 한마음이라. 하물며 무릇 한 지방 안에서 함께 사는 우리로선 실로
> 배를 같이 탄 형세로서, 서로 물에 빠질 염려가 금방이라도 임박했으니, 비록
> 호 · 월 사람이라도 부득불 마음과 힘을 일치시켜 어려움을 면해야 하거늘,
> 하물며 산천의 기품氣稟이 서로 흡사하고, 같은 가르침을 이어가니 실로 형제
> 의 의가 있은즉, 옛사람의 이른바 막연한 동포라는 말 따위에 그칠 바가 아니
> 라(조경남a: 492).

따라서 왜적은 "나라의 원수"일 뿐만 아니라 "사사로운 원수"이기도 하다(조경남b: 573). 동시에, 또한 저들에게 "사사 원수를 갚는 것"은 곧 "나라의 적을 치는 것"이기도 했다(조경남b: 588). 반대로 이렇게 국가와 나, "사삿집"을 막론한 우리의 의무를 저버린다는 건 이 땅에서 계속되어 온 역사성의 측면에서, 지금의 나는 물론, 나아가 제 조상들까지 욕되게 만드는 셈이었다(조경남a: 392).

고경명이 전사한 뒤, 뒤이어 의병장으로 이름을 떨친 그의 장남 고종후의

경우에서 단적으로 드러나듯, 이런 우리네 "같이 참혹하고 비통한 일을 당한 이"라는 수사는, 전쟁의 참화가 깊어 감에 따라 더한층 강한 호소력을 띠게 되었다.

> 원근의 선비와 백성들 중에 나같이 참혹하고 비통한 일을 당한 이가 반드시 백이나 천으로 헤아리는 정도로만 그치지 않을 것이므로, 이에 여러 장사들을 모집해 한 군대를 만들어 복수군復讐之軍이라 이름 짓고 부형의 깊은 원수를 갚으려 하는데, 제군들은 어떠시오. 여러분의 아비와 형, 아내와 자식이 참살당해 해골이 들판에 드러나서 원혼이 의탁할 데 없이 황천이 아득한데, 우리만 홀로 편안히 물러나...원수를 갚을 생각을 하지 않을 수 있겠소?(조경 남b: 584)

또 다른 격문에서 그는, 사람들을 향해 "우리 도내의 여러분 누구나가 동포 백성이 아니냐"[4]고 반문한다. 관련해서 연구자 허준은, 15세기 이래 조선에서 『서명』 및 그로부터의 "동포"에 대한 인용 빈도가 지속적으로 증가한바, 특히 임진전쟁 후에는 명확하게 非양반 계층 및 피지배 집단까지를 포함하는 용례로 사용되고 있음을 지적한 바 있다(허준 2020: 418). 그렇다면 앞서 경우에서는, 당시 격문들의 '동포' · '형제'에선 어떨까? 한 가지 분명한 것은, "글 모르는 백성"이 격문을 알아보지 못할까 걱정되니, "예삿말"로 통문의 대략적 내용을 알려 그들까지 "감격"하게끔 만들어야 한다는 식의 문제의식이 정부 차원에서든 의병 차원에서든 두루 제기되고 있었다는 점이다.[5] 요컨대

---

4) 고전연구실(編), 〈도내에 발송한 복수문〉「정기록」「제봉전서」中, (성남: 한국학중앙연구원, 1980) p. 49

선조 임금 같은 경우, "이두"를 쓰고 "언문"으로 효유문을 번역해 무지렁이 "촌민"이라도 모두 알 수 있도록 하라고 명령하기까지 했다(선조실록/선조25/8/1). 그리고 이런 와중에서 "아! 유독 호서 사람과만 일을 같이 할 수 있는 것이 아니라. 다시 생각해 보니 서울 근처 사민士民으로 적을 피해 남녘으로 내려온 이들 가운데 어찌 부자·형제의 원수가 없으랴?"처럼, 원수의식을 매개로 지역이나 신분적인 차이를 넘어선 일체감이 조선 사람 모두를 향해 거듭 호소되었던 것이다.6)

"명위의 고하로써 높이고 낮춤이 있어선 안 됩니다."7)

이와 같은 '우리 비통한 형제들'로서의 '동지同志'화는, 요컨대 때 이른 '가로벽'의 붕괴를 의미하는 것일까(기무라 138-9)? 그렇지만 실제로는 "백성의 협력"을 얻고자 한 그런 효유나 격문에서조차 신분적 구별의식이 여전히 엄존했던 것으로 보인다. 실제로 김성일의 "다만 무식한 서민들은 임금 섬기는 의를 모를 수도 있은즉, 오직 상벌로 권하고 징계할 수 있거니와, 저들은 조정에서 내린 방목을 보지 못했는가?"와 같은 격문 문구에서 여실히 드러나듯, 전통적인 백성

---

5) 오희문, 황교은(譯), 〈영동사람이 돌린 통문〉「임진남행일록」『쇄미록』1, (진주: 국립진주박물관, 2019).
6) 앞의 책, 〈도내에 보낸 격서〉, 『제봉전서』中, p.63
7) 권이진, 〈충렬별사의 사액에 관한 일과 부산자성에 만경리의 사당을 세우는 일에 관한 장계〉「유회당집」권5, 『국역 유회당집』2, (대구: 안동권씨유회당파종중, 2006), p.38

관愚民觀에 입각한 발언을 어렵지 않게 찾아볼 수 있다(조경남a: 452). 설혹 긍정적으로 언급한 경우에도, 작금의 사태에 대해 "비록 어리석은 백성이라 할지라도 다 마음 아파"하거늘, 나라와 임금에 대한 의리를 이미 깨우치고 있을 터인 사족들이 도리어 뒤처진 데 분발을 촉구하려는 의도가 두드러지곤 했다(조경남a: 402).

하지만 이 점에서 오히려 흥미로운 부분은, 그럼에도 불구하고 저런 백성이라는 존재를 전란이 끝난 뒤에도, 심지어 직접적인 전흔이 씻겨나간 뒤에도 '동지'에서 배제시키지 않았다는 데 있다. 노영구의 지적대로, 광해군 및 인조 대를 거치며 본격화 된 의병 활동에 대한 적극적인 의미 부여 이래, 이후 시기가 내려올수록 기왕의 이름난 의병장들뿐만 아니라, 이전까진 그리 알려져 있지 않던 평민 의병이나 승군, 기생 및 노비 등속 까지를 국가적으로나 민간 차원에서나 현창의 대상으로 적극 포괄해 나갔던 것이다(노영구 2004: 31-2).

일례로, 『동국신속삼강행실도』에서 고경명과 조헌, 이정암과 더불어서 네 '충렬'의 하나로 위치 지워진 송상현의 경우를 살펴보자. 송상현의 전사가 조정에 처음으로 전해진 것은 개전 후 약 반년이 지난 시점으로 보인다. 이때만 하더라도, 혹은 그가 살아있다고도, 또 심지어는 왜의 장수가 됐다는 소문마저 나돌았던 듯하다. 때문에 선조 임금이 부산첨사 정발과 동래부사 송상현이 정말 죽었는지 경상감사 김수에게 물었을 정도였는데, 그는 송상현이 피신하기를 권하는 주변의 권유를 뿌리치고 남문 위에서 팔짱을 끼고 있다가 왜병에 살해당했고, 그 목은 대마도로 전송되었다고 답했다(선조실록/선조25년/11/25).

아이러니하게도 송상현이 어떻게 순국했는지를 구체화시켜 준 것은 일본 측이 제공한 정보였다. 「난중잡록」에 따르면 경상우병사 김응서가 1594년 11

월 21일 일본 측과 만나 회담을 가졌는데, 이 때 고니시 유키나가小西行長는, 명에 아뢸 일이 있어 문서를 보였어도 공격부터 한지라 어쩔 수 없이 응전했다는 것, 송상현이 의연히 죽음을 맞이했다는 것, 그런데 자신은 일찍이 그에게 은혜를 입었던 지라 매장한 뒤 표시를 해 두었으며, 쓰시마로 끌려간 첩(이양녀) 등도 범하지 않고 돌려보내려 한다는 것 등을 발언했다고 전한다(조경남 1982c: 72).

이러한 '송상현 서사'의 기본 줄거리는, 곧이어 전후 얼마 되지 않아 저술된 것으로 추정되는 신흠의『송동래전』으로 이르러 구체적인 살이 붙기 시작한다(오인택 2011: 39-40). 신흠은, 김응서가 고니시가 아니라 가토 기요마사加藤淸正로부터 송상현 관련 사정을 전해 들었다고 언급한 뒤, 앞서 전문에 더해, 송상현을 따르고자 담을 넘어 달려가다 붙잡혀 살해된 첩 금섬의 장한 처신과, 포로가 됐으되 절개를 지켜낸 이양녀에 대한 더한층 상세해진 일화들, 그리고 군이 다시 포위된 성으로 돌아와서까지 충절을 사수한 겸인 신여로에 대한 인물전을 덧붙였다.[8]

1605년 동래부사 윤훤이 사당(송공사)을 설립한 이래, 20여 년 뒤에는 나라로부터 사액(충렬사)을, 그로부터 30여 년이 지난 뒤에는 안락서원이 설립되는 등, 송상현과 '충렬'의 결부는 국가 차원에서든 지역 차원에서든 점점 더 확고하게 형상화돼 갔다. 그런데 주목해 볼 부분은, 이와 동시에 신흠 단계에서도 이미 감지되는 송상현과 함께 의를 완수해 낸 주변 인물들에 대한, 특히 신분적으로 미미한 이들에 대한 현창과 이를 위한 서사의 구축이 점점 더 가속화되었다는 점이다. 예를 들어, 17세기 중반 경에 동래부사로 부임한 민정중

---

8) 충렬사안락서원(編), 〈송동래전〉「충렬사지」권1「충렬사지」, (부산: 사단법인 충렬사안락서원, 1997), p.35

은, 『임진동래유사』를 지어 나머지의 같이 죽은 "의사", "열녀"와 저 "교수(노개방)"의 목숨을 버림과 부민府民 김상 등이 끝내 적과 맞서 싸우다 살해당한 것은 그 "충의와 분격"이 또한 송상현·정발 양 공에 부끄러울 게 없는데도 현창이 제대로 이뤄지지 않고 있다 지적한다. 이에, 민간에 "널리 캐어묻고 믿을 만한 증거"를 수집해, 기존의 두 첩과 신여로에 더해, 군관 송봉수와 김희수 등 4, 5인, 그리고 향리 대송백과 소송백, 관노 철수 및 만동 등이 송상현을 모시고 있다가 어떻게 전사했는지, 김상과 그를 도와 기와를 벗겨서 건네주던 이름이 전하지 않는 두 의로운 여성의 투쟁, 그리고 동래부 교수 노개방과 제생諸生 문덕겸, 양통한 등이 어떻게 꿋꿋이 절개를 지켰는지를 묘사9)하였다. 이에 이르러 송상현 및 그와 뜻을 같이한 순절자들에 대한 서사는 사실상 완성된 셈이었다.

이런 하층 인물들에 대한 부각은, 40여 년 뒤 동래부사로 부임해 온 권이진에게로 이어진다. 그 역시 민정중처럼, 저들의 확고한 의지와 깨끗한 충성이 송상현, 정발에 못지않음을 역설한다. 따라서 미천한 비장, 향리府吏, 하인與僕이라도 함께 목숨을 바쳐 의리와 절개를 지킨 이는 모두 숭상하고 장려해, "명위의 고하"로써 높이고 낮춤이 있어서는 안 된다는 것이었다. 이에 그는 충렬 별사別祠를 마련해 이들을 함께 모심으로써, "의리를 지킨 자는 아무리 천해도 빠트리지 않고, 아무리 오래되어도 잊지 않는다는 것"을 지역민 모두에게 깨닫도록 해야 한다고 건의해 올렸다.10)

---

9) 위의 책, 〈임진동래유사〉, 「충렬사지」권6, pp.104-5.
10) 위의 책, 〈충렬별사의 사액에 관한 일과 부산자성에 만경리의 사당을 세우는 일에 관한 장계〉, pp.38-9. 이후 영조 38년 2월에 새로이 다대첨사 윤흥신이 병향되면서, 지금까지 별사에 배향되었던 문덕겸 등을 충렬사로 합향하게 된다. 이에 최종

<fig.1> 〈동래부순절도〉 부분

<fig.2> 〈동래부순절도〉 1760년[11]

<fig.3> 〈동래부순절도〉 부분

적으로 부사 송상현과 첨사 정발, 교수 노계방과 첨사 윤흥신 및 군수 조영규, 그리고 유생 문덕겸과 비장 송봉수 및 김희수, 겸인 신여로와 향리 송백, 부민 김상의 11위가 함께 배향된 위에, 충렬사 곁에 열녀 금섬과 애향을 정표하는 것으로 낙착됐다.

11) 육군사관학교 육군박물관(編), 『육군박물관도록』(서울: 육군박물관, 1985), p.85 所收

이렇게 하층 순절자들의 절행을 기억의 장에 구체적으로 고정시킨 데이어, 이번에는 훗날 변박이 모사한 그림으로 잘 알려져 있는 「동래부순절도」를 그리게 해서, 그러한 기억을 백성들에 이르기까지 누구나가 보고 바로 느낄 수 있게끔 형상화시켰다.

... 송 부사 뒤에 서서 장차 죽음에 나아가려는 자는 겸인 신여로다. 슬기롭고 예쁜 소녀가 관아의 담을 타고 장차 부사에게 나아가려다 적에게 붙잡히게 된 것은 시첩 금섬이니, 비록 기생일지라도 또한 열녀다. ... [김상이] 누구 집 지붕에 올라 기와를 던져 적을 죽임에 두 여인이 이를 도왔는데, 혹은 기와를 걷고 혹은 기와를 건네줬으니, 장부는 장하고 여인은 어찌 기특치 않으랴. ...누구 아내 혹은 딸인지, 이름이 사라져 전하지 않으니 슬프다.[12]

이에 더해 다시 성이 함락된 뒤에도 의병을 일으켜 싸운 스물 네명의 백성 이름까지 적어 넣게 한 그는, 또 한 명의 행적, 즉 경상좌병사 이각의 도망을 덧붙여 그려 넣게 했다. 여기서 이각은 "북문 밖에서...길을 달리는데, 너무 급해 어찌 할 바를 모르고 미친 듯 달아나며 돌아보질 않[는다.]" 그는 "높은 벼슬아치"로 평소 국은을 누려왔음에도 이를 저버린 자다. 이에 그림 속에서 성 밖으로 배제되어 묘사된 그는, 순절자들과 대치하고 있는 왜적과 더불어, '우리 됨'의 또 한 경계선을 이루고 있다.

---

12) 앞의 책, 〈화기〉, 「충렬사지」권7, pp.104-5.

방편으로서 왜란 기억의 지속적인 활용이라는 문제

『조선책략』의 유포 이래 여론이 비등하던 와중에서, 일본과의 관계를 끊어야만 한다고 주장하던 백락관(白樂寬·1876~1883)은 상소문을 통해 왜란의 기억을 다음과 같이 호출해 낸다.

> ...논개, 월선은 먼 지방 천찬 기생의 몸으로도 오히려 나라 위하는 정성이 지극해 능히 적장의 머리를 베어 그 선봉을 꺾었습니다. 유정이나 영혜靈惠는 산 속 승려임에도 또한 임금을 사랑할 줄을 알아 바다를 건너 적을 성토하고, 여인 사람가죽 3백장씩을 세공으로 바치게끔 해 저들 종자를 줄이고자 꾀했으며, 다시 3백 왜인으로 동래 왜관에 번 들게 하였습니다(송상도 2014: 79).

두말할 나위 없이 일본으로 하여금 해마다 조선에 사람 가죽 삼백 장씩을 조공하게 한 적은 없었다. 아울러서 동래 왜관에 3백 명씩 번을 들어 지키게끔 했다는 것 역시 역사적 사실과는 전혀 맞지 않는다. 이미도 백락관은 조선 후기에 널리 유행했던『임진록』의 다음과 같은 구절을 사실과 혼동했거나, 혹은 더 그럴듯하게는 의도적으로 승리의 기억으로 포장된 해당 내용을 가져온 것으로 보인다.

> 사명당이 말하기를,
> "내 비록 왕명으로 왔으나 근본 내 마음이 모질지 못한지라. 그대 죄를 사하나니, 항서를 빨리 올리라."

하니, 왕이 이 말을 듣고 기쁜 중 반신반의하여 항서를 써 올리니, 사명당이
받아보니 항서의 표현이 지극히 함부로漫忽인지라,

사명당 말하기를,

"항서는 그만두고 왜왕의 보배를 올리라. (중략) 조선에 보배는 다 있으되
다만 귀한 것이 사람 가죽人皮이라. 종과 북 같은 물건들이 사람 가죽 아니면
만들 길이 없으니, 해마다 사람 가죽 삼백 장씩을 바치라."

왕 답하기를,

"생불님 말대로 하면 삼 년 내로 일본이 망하겠사오니 달리 처분하소서,"
[이렇게 일본 왕이] 슬피 빌거늘, 사명당이 잠깐 조롱하다가 가로되,

"그러하면 사람 가죽을 대신하여 사람 삼백 명씩을 관문에 수자리 세우되,
일 년마다 교대하게 하소서."(소재영外: 260-261).

일본에 대한 임진년 이래의 "불구대천의 원수"로서의 규정 그 자체는,
조선에서의 역대 문헌들을 통해 끊임없이 되풀이되던 바였지만, 오히려 주
목해 볼 부분은 이를 구성하고 있는 실제 내용물이 역사적 사실 이상으로
이상에서와 같이 상식처럼 굳어진 허구적 서사란 점이다(이규배 2012: 43-44). 그리
고 우리 가운데서 전란 중에 살해당한 모든 이가 형상화된 "혹은 머리가 없는
자, 혹은 좌우 팔이 끊긴 자…혹은 배를 내밀고 절룩거리는 자가 있는데, 이들
은 대개 물에 빠져 죽은 자들"이, "비린내 나는 피"를 서로 토하며 "하늘이
무너지고 땅이 꺼진들, 이 원통함은 끝이 없으리라"[13] 외치는 가운데. 혹은
우리 중 피랍된 모든 이를 묶어 "나는 아무 고을 아무 관직 아무의 부모, 처첩,
자녀요. … 우리 고향을 버리고 우리 부모를 떠나 적에게 몰려 멀리 타국으로

---

13) 앞의 책, 〈피담자의 달천몽유록〉, 「제하휘록」, 「제봉전서」下, p.34

가니, 황천은 우릴 불쌍히 여겨 우리를 살아 돌아오게 해주소서. 장사들은 우릴 불쌍히 여겨 힘을 다해 적을 섬멸해 주소서"라 슬피 우는 가운데 펼쳐지는 이런 위인들의 활약담에서는, 설령 그들이 신분적으로 미미할지라도 배제되지 않았던 것이다(조경남b: 542).

이는 전술한 충렬사의 경우에서도 그랬지만, 고경명을 모신 종용사의 상량문을 지으며, 해당 글의 작자가 "대들보 아래를 보라. 크나큰 절의가 천년 아래까지 밝아 능히 무기를 잡고 임금을 위해 죽을 것이니, 불도나 선비나 귀천을 누가 차별하리."[14]라 선언한 데서 단적으로 드러나듯, 이후 펼쳐진 공식적인 현창사업에서도 마찬가지였다. 이에 따라, 17세기 후반 이후 적극적으로 전개된 각지의 사우祠宇 설립과 그 정당화 차원에서 해당 관련자들에 대한 인물전의 서술이 더불어 활성화 되며 구축된 그들에 대한 '기억'은, 이후 왜란과 저 국난의 극복에 대한 조선사회의 인식 전반에 크나큰 영향을 미치게 된다(노영구: 32).

물론 이런 귀천을 가로지르는 우리로의 묶기의 와중에서도, 앞서 충렬별사의 철폐 및 합향과 관련해 "존비의 등급"은 말할 것도 없고 "문무의 차별"까지가 논란의 대상이 되었듯, 전통적 신분관에 따른 가로벽 의식이 여전히 엄존해 있던 게 사실이다.[15] 그러나 또한 모두의 위기 앞에서 이런 우리 안의 차이는 사라지진 않을지언정, 왜란의 경험으로 복귀하라는 슬로건 하에서 '우리들'이란 서랍 속으로 넣어둘 수 있었다(딘킨: 167).

예를 들어 1894년, 공주의 유생 서상철은 반왜 격문을 통해 이렇게 호소한

---

14) 앞의 책, 〈종용당 사우 상량문〉『제봉전서』下, p. 99
15) 앞의 책, 〈관찰사 민응수 장계〉「충렬사지」권8, p.132

다. "옛날 임진란이 일어나던 해에 어가가 파천하여 임금과 백성이 진흙 길에 빠져 죽음에 이르지 않은 사람은 백성 중 한 사람도 없었습니다. 지금 생각하면 위로는 관리와 사족, 아래로는 필부에 이르기까지 그때 사망하신 분들 자손이 많을 것"[16]이라고. 요컨대 19세기에 접어들어 외세의 압박이 점증해 감에 따라, 왜란의 기억을 방편으로 한 우리 함께 비통한 형제들 묶기의 수사가 다시금 활용되었음을 알 수 있다. 그리고 김순덕에 따르면, 이러한 '우리들'은 구한말의 후기 의병활동을 통해 함께 투쟁하며 일체감을 더해간바, 결국 유생 출신의 의병들의 전통적인 가로벽 의식 역시 변화하게 되었던 것이다(김순덕 2006: 112-3).

---

16) 〈안동난민거괴 서상철의 격문입수 송부〉(京제87호, 1908/09/28) 「四. 동학당에 관한 건 附순사파견의 일건」 (주한일본공사관기록 제1권, 1986)
http://db.history.go.kr/id/jh_001r_0040_0060 (accessed 2021.02.23)

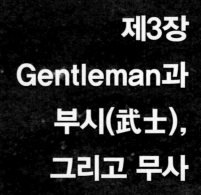

제3장
Gentleman과
부시(武士),
그리고 무사

- '방편'에서 내재화된 가치로

Gentleman과 부시(武士), 그리고 무사 **03**

- '방편'에서 내재화된 가치로

'문약'과 '상무'라는 문제의식

1907년 박은식은 「문약의 폐해는 반드시 그 나라를 망친다」는 글을 통해, 조선에서의 '문약'의 폐해에 대해 탄식한다. 이에 반해 일본의 경우 '상무'적 기풍을 유지해 온 덕분에 오늘날 얼마만큼 승승장구하고 있는지 부러움을 감추지 못했다.

그간의 일본 역사를 보건대, 약 700여 년 전 가마쿠라 막부시대부터 일본

● 이 장은 2022년에 간행된 「'메이지 부시도(明治 武士道)', 혹은 일본적 '신시도(紳 士道)'」(『동양의 근대적 통치성』, 인간사랑, 2022, pp.173-206)을 수정·보완한 글 입니다.

무사도라 칭하는 상무적 국가적 기풍國風이 본래 있어, 국민의 용감한 성질이 특별한지라. 덕분에 최근 30년간 교육정도가 저토록 발달하여, 애국정신과 단체력이 다른 나라를 뛰어 넘는구나. 그 결과 청나라를 패퇴시키고 러시아를 쫓아냈으며, 크게 국위를 떨쳤으니 구미 열강과 더불어서 함께 내달리누나. 장하도다! 상무의 효력이여(박은식 1907).

상무와 문약의 대비, 그리고 이 같은 도식에 따른 무사도적 일본관은 비단 박은식만의 독창적인 견해가 아니었다. 일례로 이미 10년도 더 전에 윤치호 같은 이는, 청일전쟁을 향한 당시의 문명론적인 시각에 입각해서 이렇게 발언했던 것이다.

한 나라로서 조선에는 미래가 없다. 왜냐하면 그들에게는 구해줄 만 한 단하나의 요소도 갖추지 못했기 때문이다. …그들은 일본처럼 기사도 정신이나 국가적 명예심에 의해 생동하나? 아니다! …요컨대, 조선인은 야만인으로서의 좋은 덕목들, 즉 두려움 없는 용기나 호전적인 정신을 갖추지 못한 그런 야만인인 것이다(윤치호일기/1894/11/01 *이하 『윤치호일기』는 '일기'로 약칭함).

윤치호에 따르면 이는 이즈음만의 일시적인 현상이 아니라는 데 문제의 심각성이 있었다. 즉, 조선은 '문文'을 군사적인 덕목 위에 놓는 유학의 나쁜 영향 하에 다섯 세기 동안이나 놓여있던 탓에, 이로 인하여 발생하는 비겁함과 거짓, 유약함과 같은 정신적인 부패를 막아줄 유일한 방부제였을 터인 ♣야만 특유의 상무정신이 분쇄되어 버렸다는 것이었다. 이에 비해 일본은 어떤가? 저들이 그간 30년도 못되는 짧은 시간 만에 이토록 놀라운 변화를 완수해 낸 것은, 강한 애국심과 더불어 그 기사도적인 명예심, 그리고 일본인들의 무분별하리만치 넘치는 용기 덕분이었다고 지적한다. 이러한 덕목들은 인위적인 명령에 의해 갑작스레 만들어질 수 있는 그런 것이 아니었다. 이는 역사적 과정을 통해, 긴 세월에 걸친 봉건제를 통해서만 형성되고 길러질 수 있다고 윤치호는 주장한다(일기/1894/09/24).

봉건시대와 그 주역으로서의 사무라이, 그리고 그들의 무사도는 오늘날에도 여전히 전형적인 일본 이미지를 구성하는 으뜸가는 요소처럼 일컬어지곤 한다. 하지만 과연 실제로도 그러했던 것일까? 예를 들어 40여 년간 현지에서의 봉직 생활을 통해 지근거리에서 일본을 관찰해 온 당대의 이름난 일본학 학자였던 B. 챔벌레인(1850~1935)은 1912년의 시점에서 이와는 전혀 상반된 결론을 내린 바 있다.

무사도에 대해서는, 캠퍼(E. Kaempfer)나 시볼트(P.F.B. von Siebold), 사토우(E.M. Satow)나 레인(J.J. Rein) 등 진정 일본을 제대로 이해했던 이들 중 어느 누구도 입에 담거나 그들의 저 방대한 저작 속에서 언급한 적이 없다. 이들이 언급하지 않은 원인은 단순하다. 무사도가 최근 10, 20년 전까지만 해도 전혀 알려지지 않았던 것이기 때문이다. 이는 1900년 전까지만 해도 일본어 사전에든 외국어 사전에든 전혀 등장한 적이 없다(Chamberlain 1912: 9).

이는 물론 그간 일본에 기사도적인, 무사다운 인물들이 없었다는 그런 의미가 아니다. 어느 나라, 어느 시대에도 그러하듯, 그런 개개인은 일본에도 물론 존재했다. 문제는 이 같은 '기사도'가 하나의 '제도'로서, 혹은 어떤 '정식화된 규범'으로서 존재했는지 여부이다. 오늘날 일본정부는 학교 교육을 통해 세계 어디서도 유례가 없는 무사도라고 하는 것이 실재했다고 주장하면서, 바로 그 덕분에 일본에서는 다른 나라에서와 같은 불복종이나 반란행위가 일체 뿌리 내릴 수 없었다고 선전하고 있다. 하지만 이는 역사책을 조금 들춰보기만 해도 실제 사실과 얼마나 어긋나는지 금방 확인할 수 있지 않은가.

이렇듯 메이지 시대 중반 이래 해당 개념이 막 형성되어 사회적으로 자리를 잡아가던 바로 그 발흥기 때부터, '무사도'에는 역사적인 실체가 결여되어 있다는 지적이 제기되고 있었다. 대개의 역사가들이 지적한대로 해당 용어는 중세 이래의 제반 사료에서는 거의 등장하지 않을뿐더러, 설혹 등장한다 해도 사무라이들의 사고방식이나 행동 일반을 지칭하는 애매한 표현에 불과했지, 어떤 "통일된 윤리적 전통" 같은 것을 의미하지는 않았다. 베네쉬에 따르면, 게다가 그나마도 실은 "부도武道"나 "시도士道", 혹은 "호코닌노 미치奉公人の道(종자의 도리)"나 "오토코노 미치男の道(사내의 길)", "헤이도兵道" 같은 원문 상의 다양한 표현들을 현대어로 옮겨오는 과정에서 일괄적으로 "부시도武士道"로 통일시켜 표기해 버린 경우가 적지 않다고 지적한다(Benesch 2014: 4). 그러나 이러한 문제 제기는 대중적인 담론에는 물론, 심지어 해당 분야 바깥의 여타 학문 분과에조차 제대로 닿지 못한 채, 대개의 경우 무사도는 "사무라이 자신에 의해 수련되고 정식화된 전통적 윤리"인 양 다뤄지고 있는 형편이다.

이런 측면에서 새로이 실체화된 '메이지 부시도明治 武士道'는 "근대적 발명

품"의 한 전형에 해당한다고 할 수 있다. 하지만 여기서 주목하고 싶은 것은 이것이 '만들어진 전통'이라는 사실 그 자체보다도, 그 당시 이것이 여하한 문제의식에 입각해 무얼 겨냥해 창출되었는지 쪽에 있다. 사실 "전통으로서의 에도"는 메이지 시대 이래 끊임없이 재해석되어 왔을 뿐더러, 그런 와중에서 상이한 목적과 해석에 입각한 서로 모순되는 이미지들이 경합을 벌여왔다 (Gluck 1998: 283). 이는 무사상의 경우에서도 예외가 아니었다. 실제로 1904년의 러일전쟁 후부터 소위 "황도皇道적 무사도" 쪽으로 공식화되기까지, 1890년대 전후의 일본 내에는 무인 특유의 강인한 기질에 착안한 "화혼和魂적 무사도"나, 보편적인 윤리성이 부각된 "기독교적 무사도"처럼 제각기 다른 문제의식에 입각한 상이한 흐름들이 병존하고 있었던 것이다.

'일본정신' 내지는 일본 특유의 '국혼國魂' 그 자체로까지 여겨지곤 하는 대중적인 이해와는 달리, 흥미롭게도 무사도에 대한 논의의 시작은 오히려 서양을 강하게 의식한 보편주의적인 접근 쪽에서였다. 새로운 시대의 도래와 함께 서구사회에 대한 직접적인 체험이 가능해지면서, 이제 일본의 지식인들은 그간 책을 통해 간접적으로 접하던 "신시도(紳士道, gentlemanship)"로 대표되는 서구문명의 정신적, 윤리적 바탕이란 문제와 정면으로 마주하게 되었다. 이에, 새로운 세상으로 바뀐 뒤 도쿠가와 막부의 옛 무사계급들이 노정 했던 추한 모습에 대한 기억과 그로부터 비롯되었던 부정적인 여론도 어느 정도 풍화되어 감에 따라, 오히려 그런 사무라이들을 "이상화"시킴으로써 일본적인 대응물을 구축해보려 시도하게 되었던 것이다(船津明生 2004: 29).

나아가, 이 같은 근대 무사도의 창출은 당시 '사내다운 기력氣力'론의 세계적인 유행과 맞물리면서, 이제 일본 국내 차원을 넘어서 대외적으로도 커다란 관심의 대상이 되었다. 외관이야 다소 문명화된 듯 보인다지만 실상은 그저 "문명의 겉치장"이나 둘러쓴 것쯤으로 치부돼 온 저들 비서구인들이, 어떻게 해서 두 차례의 거대한 문명의 전쟁에서 모두 승리를 거둘 수 있었던 것일까(볼피첼리 2009: 18)? 대체 무엇 덕분에 허다한 근대화 도상의 후발주자들 중 유독 저들만이 이처럼 문명화를 성취해 내고 있는 것일까. 이 같은 의문에 대한 문화적인 측면에서의 설명이 필요해진 바로 그 시점에서, 소위 'Bushido'론은 대중적인 차원에서 만족스런 답변처럼 여겨졌던 것이다.

이는 앞서 살펴본 박은식이나 윤치호에게서도 다르지 않았다. 이제 조선의 개화 지인들에게도 '일본혼'의 논리가 일본의 국·내외적 발전의 토대가 되었다고 여겨지게 됐고, 따라서 우리 민족에게도 '국혼'을 고취시킴으로써 근대화의 동력으로 삼고자 했다. 이에, 1905년 이후 「대한자강회월보」 등에서는 일본혼의 핵심이 애국심과 상무정신임을 소개하는 한편, 조선의 경우에서도 조선왕조 이전까지는 상무정신이 왕성했음을 주장하고자 하게 된다 (윤소영 2004: 169).

이번 장에서는 근대적인 무사도가 모습을 드러내기 시작한 1890년대부터, 황도적 무사도가 공식화되는 쪽으로 가닥이 잡혀가기 직전의 러일전쟁 즈음까지 시기를 중심으로, 무사도 '논의'의 형성과정에 주목한다. 이를 통해 본래부터 서구적인 기준을 염두에 두고 있던 보편주의적인 접근이, 향후 일본 안팎에 걸쳐 어떠한 사상적 영향을 미치게 되었는지에 대해 살펴보고자 한다.

신사도와 기사도, 그리고 무사도

태평세 하에서의 "사풍士風의 폐퇴廢頹"라는 문제의식

일찍이 W. 그리피스(1843~1928)는 일종의 일본 통사에 해당하는 그의 저작에서, 도쿠가와 정권 하에서의 각 계층들에 대해 살펴보던 중, 특히 사무라이 계층의 전반적 상황을 다음과 같이 요약한다.

> 할 일이라곤 경비를 서고, 주군을 호위하며, 예복을 입고 치루는 의례뿐이었다. 그들의 일생은 참으로 한가하고 단순한 것이었다. 그리고 쉬이 상상할 수 있듯, 오랜 평화는 이들 무장한 게으름뱅이 계층의 다수에게 좋지 못한 성향을 불러일으켰을 따름이었다. 물론 개중에는 학문에 열심이었고, 무술 연마에 대한 열정을 불태우거나, 선생이 되기도 했다. 하지만 대개의 사무라이들은 일생을 먹고, 담배피우고, 그리고 유곽이나 찻집에서 빈둥거리는데 허비했다. 혹은 대도시 어딘가에서 범죄를 저지르며 거친 삶을 살았다(Griffis 1903: 278).

물론 도쿠가와 정권이 바쿠후幕府, 즉 근본적으로 군사정권으로서의 성격을 띠고 있었을뿐더러, 사회 전반에도 중국이나 조선과 같은 주변 세계에 대해 "무위의 나라武国"으로서의 자의식이 보편화돼 있던 상황에서, 무예의 진흥을 강조한 교호享保년간, 즉 1736년 무렵의 개혁을 비롯해, 이 같은 '무사적 기풍'의 쇠퇴를 바로잡고자 한 시도가 없었던 것은 아니었다(前田勉 2006: 103). 하지만 명분상으로야 제아무리 당연하다 한들, 천하가 평화로운 '태평세'

하에서의 상무의식의 고취란 본질적으로 그 한계점이 명확할 수밖에 없었다. 그러다가 정말로 투쟁심이 고양되기라도 하면, 그로부터 실력 행사라도 벌인다면 이는 곧바로 사회적 불안정으로 이어질 수밖에 없었기 때문이다. 따라서 "전국적으로 상무의 기상을 치열하게 하고자 하면서도 태평의 다스림을 희망한다는 것은 모순"에 다름 아닌 셈이었다(津田 1990a: 24).

명분상으로는 무사지만 싸움을 통해 공명을 구할 수도 없고, 따라서 당연하게도 무공을 세워 입신할 수도 없는 사회. 태평세 하에서 대부분의 사무라이들은 '법제상의 신분'은 무사일지언정, "실제로는 그저 문관이자 속리"로서 일평생 실제 싸움과는 무관한 삶을 영위하고 있었다. 요컨대 앞서 그리피스가 그려낸 무위도식이란, 실은 평화가 지속될 경우 군사정권이 다다르게 될 수밖에 없는 하나의 "필연적 귀결"이었다고 할 수 있다, 이에 따라 도쿠가와 정권이 태평세를 지향한다는 정책적인 기조를 유지하는 한, 그리하여 어디까지나 현존하는 질서를 유지하고자 여하한 방면에서든 인심의 억제와 진압에 우선순위를 두는 한, 당시의 일본 사회는 본질적으로 해소될 수 없는 구조적 모순을 떠안고 갈 수밖에 없었던 것이다.

이런 측면에서, 예를 들어 도쿠토미 소호(德富蘇峰 · 1863~1957) 같은 이는 바로 이 같은 구조적 모순에 착안해, 1880년대 중반 시점에서 근세 일본의 사회적 양상상의 기본 틀에 대해 다음과 같이 정식화시킨다.

그 세계에는 두 종류의 계급이 있어, 한쪽은 그저 소비만 하고 또 한쪽은 그저 생산만 했던 것이다. ...저 무사 혹은 고등 무사는 무한한 권위를 가진

무책임한 황제라. ...저 무비 사회는 반드시 그 무사를, 그 주인을 교만하게 하고, 사치스럽게 인도한다. 문약으로 인도한다. 왜냐하면 그들은 스스로 의 노력으로 생활하는 게 아니기 때문이다(德富 1930, 107-8).

요컨대, 이 같은 폐해가 어느 특정한 개인이나 일부 계층에서 비롯된 우발적인 문제가 아니라, "무한한 권리자"와 "무한한 의무자"로 구성된 소위 "군사적 체제武備社會" 특유의 사회적인 요인에서 초래되었다는 지적이었다.

이와 같은 상황 속에서 지배계층으로서 그들의 위엄은 날로 옅어졌고, 그와 비례해 평민들로부터는 멸시의 대상으로 전락해 갔다. 관련해서, 후일 츠다(津田左右吉 · 1873~1961) 같은 연구자는 메이지 시대로의 전환기 무렵의 무사들에 대한 사회적 인식에 대해 이렇게 총괄한다.

...메이지 초년, 무사가 그 권력을 잃었을 때 평민들로부터 어찌 취급되었는 지를 기억하는 이라면, 비록 표면상으로야 뚜렷이 드러난 것은 아니더라도 실제로는 무사계급을 멸시하는 기분이 훨씬 전부터 일반민중 사이에 존재 했음을 부정하기 어려우리라. ...실제로 무사는 무리한 일을 요구받더라도 위로부터의 명령이라면 뜻을 굽히거나 아부해 따르지만, 백성은 그와 달리 권력에 마음을 굽히지 않는다고 한 기록이 있다. ...관의 녹봉에 생활을 의지 하지 않는 평민 쪽에 비교적 의기가 있었던 것은 당연한 일로, 이는 조만간 무사계급에 대한 멸시로 나타났다(津田 1990b: 165-6).

나아가 이러한 폄하는 평화로운 치세 하에서 무사의 가치가 떨어지면 떨어질수록 더더욱 심해졌다는 것이다.

이러한 메이지 연간의, 후대의 회고적 평가들은 얼마만큼 실제 사실과 부합할까? 한 가지 분명한 것은 "열 사람 중 여덟, 아홉은 무사라 부르기에도 부끄럽고, 무도武道를 받들기에 족하지 못하다. 국초 무렵에는 충만했던 무도도 지금은 2, 3할이나 남았을까. 안타깝구나! 국가의 근본이 참으로 옅어졌으니. 문무文武의 도道가 크게 쇠미해졌네."라는 19세기 초 한 낭인의 자조적 탄식에서 단적으로 드러나듯, 무사계층이 엄연히 유지되고 있던 구체제 하에서조차 이미 "무사와 고지식함은 오늘날 꺼리는 바"라 일컬어질 지경이었다는 점이다(武陽隱士 1994: 77).

일본적 대응물의 탐색, 혹은 구축

유신 이래 수년에 걸친 일련의 정치적인 처분을 통해, 즉 1869년의 판적봉환版籍奉還과 1871년의 폐번치현廢藩置縣을 통해 우선 무가武家 그 자체가 소멸했고, 곧이어 같은 해 봉록의 지급이 정리, 폐지되면서 재정적인 측면에서의 정리秩祿處分가 이루어 졌다. 이후 1870년의 징병령에 의해 군사 계급으로서의 독점적 지위가 폐지되었고, 나아가 1876년의 폐도령에 의해 의례적인 측면에 대한 조치가 취해졌으며, 궁극적으로 이듬해 벌어진 세이난 전쟁西南戰爭을 통해 이상의 처분에 대해 불만을 품은 사족들이 정리되면서 옛 무사계층에 대한 처리가 일단락되면서, 옛 사무라이 계층은 마침내 역사 속으로 퇴장하기에 이르렀다. 하지만 그로부터 10여 년이 지나서도 "소위 무사도라 알려진 정신 상태를 이해하고자 한다면, 이 무사도란 쵸닝町人 및 백성들에 대해 지독하게 허세虛威를 부리는 것이었다. [또한] 무사들 사이에서는 예의를 지극히 엄히 지켜 피차 사내로서의 면목을 더럽히지 않으려 끊임없이 헛위세를 떠는 것"이라 묘사한 어느 신문 기사가 방증하듯, 사무라이 및 그들의 가치관에 대한 대중적인 이미지는 여전히 그리 개선되지 않았던 것으로 보인다(読売新聞 1885: 12/13).

무인, 혹은 '무武'의 가치에 대한 인식의 전환은 전통의 계승 쪽에서가 아니라, 오히려 대외적인 위기의식 하에서 이에 맞설 사회적 기상의 쇠퇴를 어떻게 극복하면 좋을까 하는 문제의식에서부터 비롯됐다. 예를 들어 명치 무사도 담론이 형성되는 데 그 단초를 제공한 이로 평가받는 오자키 유키오(尾崎行雄 · 1858~1954)는, 1891년 「武士道」라는 글을 통해 서구와의 상업 경쟁에서 승리하기 위해서는 "무사기질武士氣質"이 필수적임을 역설했다. 연전에 외국 여행으로부터 돌아온 그는, 서구 세력이 횡행하는 가운데서도 특히 그 선두에 선 영국의 상업적인 패권에 주목했다. 오자키가 보기에 이는 다른 무엇보다도 저들이 체현하고 있는 "신사기질紳士氣質"이 뒷받침되었기에 가능한 일이라는 것이었다.

> 영국에서는 신사라 부르고 우리는 무사라 일컫는다. 표현은 다르지만 그 실질에선 동일하다. 영국 상인이 이르는 데마다 천하에 대적할 자 없는 까닭은, 그 상인의 대부분이 신사의 기상을 갖추어 비겁하고 졸렬한 거동을 하지 않기 때문이라. … 영국 상업의 번성함은 영국 상인의 두터운 신용 덕분이라. 이는 결백한 절개와 의협심廉節義俠의 기질이 풍부하기 때문이다. …이는 곧 우리나라 사람들의 이른바 무사기질이 아니랴(尾崎 1893, 26)!

따라서 무사도를 모르는 자는 능히 큰 상인豪商이 될 수도, 상업상의 현저한 성과도 거둘 수 없다고 결론짓는다.

두말할 나위 없이 이처럼 상업과 전통적인 사무라이를 연결 짓는 데는 무리가 따를 수밖에 없다. 실제 역사 속에서 도쿠가와 시대의 무사 계층은 날로 심화되는 경제적인 몰락으로 인해, 생계를 잇기 위해 물론 어떤 식으로든 상업 활동에 관여할 수밖에 없긴 했지만, 적어도 표면적으로는 천박하게 이익을 다투는 상인들의 행태에 대해 천시하는 입장을 취했기 때문이다. 실은, 오자키 역시 물론 이에 대해 잘 알고 있었다. 그런지라 오자키는 이익을 소홀히 하는 것이 무사도의 "본색本色"이 아니라 "부수되는 부작용餘弊" 정도에 불과하다는 식으로 문제를 우회하려 꾀했다. 이에, 앞서 영국 상인의 신용에 대한 부각에서 잘 드러나듯 그는 영리 그 자체보다도 그런 성공을 가능케 한 배후의 정신적인 덕목 쪽을 강조하려 했다. 그에 따라 영국 상인은, 재리에 밝은 장사꾼이라기보다 오히려 의협심에 넘치는 태연자약한 신사이자, 다른 무엇보다도 비겁함을 혐오해 만사에 위세 등등하게 돌진해 나가는 호걸처럼 미화되고 있다. 그러면서 이리 되묻는 식이었다. 이것이 곧 사무라이의 본색이자 무사다운 기질이 아니면 무어란 말인가? 나아가 이런 측면에서 볼 때, 오늘날 세상의 부박한 무리들이 걸핏하면 무사도를 없애야 상업을 흥성케할 수 있고 이득을 얻을 수 있다 운운함은 크나큰 오류라는 것이었다.

이상에서 알 수 있듯, 여기에서 오자키의 소위 '무사도'란 실제 사실과는 거리가 먼 이상화된 가치에 가까웠다. 물론 역사적 측면을 전혀 고려하지 않았던 것은 아니었다. 문제는 그에게서 과거, 그중에서도 특히 유신 전야의 바쿠마츠 시대는 그런 무의 이상이 땅에 떨어진 시기로서 위치 지워졌다는데 있다. 유신을 전후한 혼란이 아직 채 가시지 않았던 1880년의 시점에서, 지난날의 상황을 다음과 같이 묘사하고 있다.

> 태평이 오래되니 끝내 천하에 다시 전장에서의 실용의 무를 아는 자가 없기에 이르렀다. 때문에 소위 무술이라는 것은 무부의 직무상 어쩔 수 없이 강습하는데 그칠 따름이라. ... 그런지라 도쿠가와 막부 시절幕世에 무를 강습하는 자는 그저 교묘하게 죽도 희롱하는 것만 알 뿐, 철검으로 한순간에 사생이 갈리는 싸움을 모르니, 주야로 강습하는바 무술은 점점 더 실용과는 멀어진지라. 종국에는... 전쟁터의 겁쟁이가 되기 이르렀다(尾崎 1926, 371).

이런 와중에서 사무라이들은 그 외관이나 꾸미고, 시문에나 탐닉해 무사의 본색일 터인 "강개하고 격렬한 절개慷慨激烈の氣節"를 잃은 채 주색과 사치에 빠져든 채 그저 '인순고식'하며 하루하루를 보내는 데만 급급하게 되었다는 것이었다.

이토록 유약해진 사무라이들, 나아가 그 정점에 선 도쿠가와 정권이 메이지 유신 전후의 격렬한 승부의 순간 힘없이 무너진 것은 어쩌면 당연한 일이었다. 때문에 이를 무너뜨려 이뤄낸 왕정복고란, 따라서 오자키에게는 단순한 정권 교체 정도의 사건이 아니었다. 마침내 "수백 년간 순치되어 온 유약함과 사치 부림柔弱驕奢의 폐습이 소탕되고, 문무 모두 실용을 위주로 한 기풍이 생겨나니 원기를 다시금 떨치고 국세가 치열해질 맹아"가 이제 여기서 싹트게 되었기 때문이다.

그런데 이 같은 근본적인 일신을 통해 전대미문의 발전이 이제 막 성취돼 나아가고 있는 와중에서, 그가 볼 때 지난날의 기풍의 폐퇴 같은 현상이 다시금 재연되고 있다는 것이었다. 오자키는 이를 선동하는 무리로서 당시의 이른바 천박한 "서양학자 무리洋学者流"를 지목하고 나선다.

> ...서양학 서생들은 우리의 정치풍속이 어떤 것인지 제대로 알지 못한 채 그저 외국 정치 제도와 풍속에만 심취해, 그 장단과 선악을 묻지 않고 모방하려고만 했다. ...[서양인의 악습을] 견강부회해, 자기에게 편리할 악풍을 선동한다. 이에 세상이 널리 감염되어 양학자류 소행을 배우고 익히니, 막부 말기의 세태를 메이지의 성스런 시대에 재연해, 한번 맹아를 틔운 강직함剛毅과 수수함朴訥, 의협심俠義과 용맹스러움武勇의 기풍은 자취를 감추고, 교만하고 사치스러움驕奢과 유약함, 경박함의 악폐가 다시금 무성해지기에 이르렀다(尾崎 1926: 373-4).

그는 경고한다. 유신이라는 대변혁을 통해 천하대란에서 벗어난 지 이제 경우 10여 년, 게다가 천하 여러 강국들이 호시탐탐 이 일본 땅을 도모하려 기회만 엿보고 있는 이 때, 이처럼 아무 일도 없다는 듯 다시금 '문약의 폐풍'으로 빠져 들어선 안 될 터이다. 따라서 지금이라도 이런 나쁜 조짐을 다스릴 방법을 강구하지 않으면 그 해가 어디까지 미칠지 장차 측량할 수 없으리라. 결국 앞서 일체의 폐단이 "문약의 폐단文弊"에서 비롯된 것이고 보면, 양학자들의 "문을 귀히 여기고 무를 천히 여겨야 한다"는 식의 주장을 배격하고, "무를 숭상해 활발함과 진취성, 감위함을 발휘하는 것이 오늘날의 최급선무"

일 터이다. "우리의 유약하고 부끄러움을 알지 못하는 인민을 이끌고 강폭하기 짝이 없는 저 외방과 맞서는 것은, 오히려 양을 내몰아 호랑이 무리로 집어넣는 것과 마찬가지"이기 때문이다(尾崎 1926: 382).

'武士道', 그리고 'Bushido'

한편 일본 무사도가 현재와 같이 일본인의 정신세계를 대표하게 된 데에는 니토베 이나조(新渡戸稲造 · 1862~1933)의 공헌이 있었다. 그는 1899년 미국에서 영문으로 *Bushido, The Soul of Japan*을 출판하였는데, 이 책은 일본문화를 전 세계에 알리는 데 지대한 공헌을 한 바, 근대적인 무사도의 전형을 보여주었다고 할 수 있다. 아마도 이것이 오늘날 무사도와 관련해서 거의 교과서처럼 여겨지고 있는 해당 저작에 대한 가장 표준적인 자리매김일 것이다.

분명 "유럽과 일본의 봉건제도 및 기사도의 비교사"적 관점에 입각해, 일본에도 보편적인 도덕적 기반에 해당하는 것이 존재한다고 주장한 해당 저작이 서구세계에 미친 영향은 부정하기 어렵다. 하지만 흥미로운 것은 이런 일본 바깥에서의 인기에도 불구하고, 근 10여년 뒤 역으로 자국어로 번역된 이 책이 국내에 소개되었을 때, 정작 일본 내 학계의 반응은 지극히 냉담했다는 점에 있다. 그도 그럴 것이 오랜 외국 생활 및 지방에서 교편을 잡고 있던 덕분에 주류 학문세계의 동향에 어두울 수밖에 없었던 그의 접근방식은, 이미 청일전쟁 무렵부터 급격히 국가주의적 방향으로 기울어 가던 새로운 무사도 논의의 흐름에서 보자면 시류에 맞지 않을뿐더러, 나아가 배격해야 할 대상으로까지 여겨졌기 때문이다(Benesch 2014: 92).

니토베는 자신의 '무사도'를 '기사도적 규율', 무사계급의 '높은 신분에 수반되는 의무'라고 정의한다. 그리고 이 때 그 주역으로서의 "사무라이란 말은 고대 영어의 크니히트cniht처럼 호위 또는 종자라는 의미이다. 그 성격은... 타키투스가 말한 당시 게르만 수장들을 따라다니던 코미타티comitati 에 해당하며, 가까운 역사 속에서 찾아보면 중세 유럽의 역사에 등장하는 밀리테스 메디이milites medii와 비슷하다. '부케武家' 또는 '부시武士'라는 한자어 역시 자주 사용"되었다는 식으로 설명한다. 요컨대, 무사도란 "유럽과 마찬가지로 일본에서도 봉건제가 주류가 되면서" 그 직업계급으로서의 전사계층이 갖는 규범의 일본적인 유형이라는 것이었다(Nitobe 1908: 6).

그런 무사도를 길러낸 사회적인 조건 그 자체는 물론 이미 사라진 지 오래다. 그렇지만 본래 소수 무사계급 구성원들의 정신이었던 이 같은 무사도는, 사무라이가 민족 전체의 '아름다운 이상'이 되면서 이제 일본의 모든 사회적 신분 속으로 침투해, 정신적인 효모로서 일본인 모두에게 '도덕적 기준'을 제공해 주고 있다(Nitobe 1908: 150). 이로부터 무사도는 오늘날에도 "야마토 다마시大和魂", 즉 일본정신의 핵심으로서 여전히 살아 숨 쉰다는 것이 그의 기본 논지라 할 수 있다.

이와 같은 그의 주장이 실제의 역사적 측면과 얼마나 부합하는지 여부는, 일본어판 역서가 등장한 바로 그때부터 줄곧 제기되어 온 "역사 인식에서 엿보이는 엉성함, 무사도의 역사적 특수성에 대한 무지, 여타 무사도 관련 자료들을 전혀 참조하지 않은 참고문헌 및 주석상의 결여" 등과 같은 일본학계의 지적에서 대개 짐작할 수 있을 터이다(船津 2004: 27). 그러나 여기서 주목해 볼 부분은, 니토베의 이 같은 비교사적 접근이 실제 사실과 합치하는지의 여부와는 별도로, 청일전쟁 및 특히 곧 이은 러일전쟁으로 인해 촉발될 서구에서의 일대 일본 붐과 맞물리면서 저들의 시각에 궁극적으로 어떤 영향을 미쳤는가에 있다.

이와 관련해, 30여 년이 흐른 뒤 그는 다음과 같이 회고한 바 있다.

> 제가 처음 일본의 도덕률에 대한 에세이를 썼을 때 이것을 'Bushido'라 명명했습니다. 그랬더니 일본에서도 해외에서도, 그러한 용어의 정당성에 대한 의문이 제기되었습니다. 그들은 '사도士道'나 '무도武道'에 대해서는 들어봤지만, '무사도武士道'에 대해서는 들어보지 못했다는 것이었지요. 심지어 몇몇은 그런 도덕률의 존재 그 자체에 대해서조차 의심스러워했어요(Nitobe 1936 : 124).

그럼에도 불구하고, 해당 저작이 거둔 당시 유례를 찾기 힘들 만큼의 세계적인 대성공은 서구에서 'Bushido'라고 하는 것[1]을 하나의 실체로서 기정사실화 시키는 데 결정적인 역할을 하게 되었다(Lehmann 1984, 767). 이에 따라 이제 새로운 일본은 근대적인, 그러면서도 지극히 이상화된 옛 기사도적인 미덕들로 충만한 '사무라이'의 나라로서 자리매김하게 되었던 것이다.

---

1) 이하에서는 일본 측의 '부시도(武士道)'론과 그에 대한 당시 서양 측의 논의를 구분해, 후자를 지칭할 때는 'Bushido'로 표기함.

'지나친 문명화'라는 문제

Bushido, 혹은 현존하는 기사도적 이상

1905년도 이제 저물어가던 무렵에 당시 일본으로부터 막 귀국한 한 영국인은 고국에서의 어마어마한 Bushido 열풍에 놀라움을 감추지 못했다.

영국에선 일본에 대해, 우리들을 모델로 삼아 모방한다고 여기는 경향이 있다. 그리고 우리들에게 결핍된 것을 갖춘 이들이라고 일본인들을 칭찬하고 있다. 나로서는 타임지의 '무사도'가 하도 온 나라에 퍼져서, 심지어 성직자들조차 영국에서 기독교를 숭앙하는 것보다도 더 한층 이를 높이리라곤 전혀 기대하지 못했다. 그런 생각은 미묘하게 틀렸을 뿐 아니라, 해로우리만치 잘못된 것이다(Nish 1997, 363).

영국인들은 대체 무엇에 이토록 열광적으로 반응한 것일까? 타임지의 종군통신원이었던 래핑턴(C. Repington · 1858~1925)의 다음과 같은 발언은, 그러한 반응의 저변에 깔려 있던 당시 서구 문명세계의 시대적 문제의식을 단적으로 드러내 보여준다(Hashimoto Yorimitsu 2006: 388). 어느 특정 계층만이 아니라 가장 낮은 데서 높은 데까지 모두가 제 나라를 역사상 가장 뛰어난 반열에 올려놓으려 합심하게끔 만든 일본의 저 "도덕적인 힘"에 주목해야 한다고 래핑턴은 지적한다. 그리고 이 힘은 다름 아닌 Bushido로부터 비롯되었다는 것이었다.

그렇다면, 대체 이 'Bushido'란 무엇인가.

Bushido는 낭비 대신 청빈의 이상을, 과시에 대해서는 겸허함을...이기심에는 자기희생을, 사욕 대신 국가적 이익을 돌보려는 이상을 마련해 준다. ...이는 권위에 복종하도록, 공공의 복리를 위해 제 한 일족이나 일개인의 사적인 이해관계를 희생토록 가르친다. Bushido는 일반인이든 전사든, 남자든 여자든, 평시든 전시든, 엄격한 정신적, 육체적 수양을 요구하고 있다. 이를 통해 상무정신을 길러내고, 용기와 안정감, 불굴의 정신과 신실함, 감위와 자기절제를 북돋아 고양된 도덕적인 원칙을 제공하는 것이다(Evening Post, 17 Dec 1904).

러시아에 대한 승리는 이렇게 도덕적으로 고양된 정신적인 힘에 의해 가능했다는 것이었다.

러일전쟁 후부터는 저 영국에서조차 자신들과 "거의" 맞먹는다고 인정하지 않을 수 없을 만큼 일본의 존재감은 확고해져 갔다. 하지만 문제는, 그럴수록 이런 일본의 성취를 통상적인 문명론적 시각으로는, 그것도 서구와 非서구의 근본적인 차이를 강조하는 기왕의 틀로써는 설명해 내기 어려워진다는 데 있었다(Alton 1907, 8; Holmes and Ion 1980, 312). 이에 의화단 전쟁 당시 한 서양인 종군기자는, 현지에서 체험한 서구 문명세계의 군대가 벌인 야만적인 만행과 일본군의 인도주의적 대처 간의 적나라한 대비 앞에서 이리 물었던 것이다. 우리 서구 쪽이 스스로 내건 문명의 원칙을 위반하고 있을 때, 저들은 우리의 모든 것을 남김없이 배우고 또 온전히 거기에 맞춰나갔다. 그리하여 이제는 남들마저 가르칠 만큼 우뚝 서게 된 저 "작은 일본 녀석들"의 문명화를 어찌 해명하면 좋을까(Lynch 1901: 302)? 바로 이 곤란한 순간 Bushido는, 이 같은 난점들을 해결해 줄 수 있는 적절한 설명처럼 여겨졌다(박지향 2004, 142).

그런데 래핑턴은 여기에서 그치지 않았다. 오늘날, 이 Bushido야말로 '진정한 기사도' 및 '스파르타적인 간결함'의 이상을 체현하고 있는 바, 요컨대 여느 위대한 종교들의 철학적이고도 윤리적인 가르침이 여기에 모두 집약되어 있다고 주장한다. 따라서 "충성심과 용기, 정직함과 간결성, 자기절제와 순결성 및 관용을 갖춰 낸 이"라면 그가 누구든 이제 다름 아닌 '사무라이 bushi'라는 것이었다. 그렇다면, 이번에는 이 새로이 보편화된 기준에서 오늘날 서구사회 일반을 평가해 보면 어떨까. 그는 단언한다. 서구에서는 Bushido적 가치들이 일본과는 정반대로 뒤집혀 있다고. 이제 '기율'이라는 측면에선 오히려 非서구의 일본 측이 서구보다도 우위에 놓이게 되는 순간이었다.

"사내다운 기력"의 시대

이러한 역전이 다름 아닌 서구 쪽에서 제기되었다는 것, 그리고 대중적으로도 널리 받아들여질 수 있었다는 것은 당시까지의 문명론적 상식을 고려한다면 놀라운 일이었다. 단적인 사례로, 비슷한 시기 중 M. 타운젠드(1831~1911) 같은 영국 출신의 언론인은 다음과 같이 주장하고 있었기 때문이다.

여타의 적극적인 미덕들을 결여하고 있듯, 아시아인들은 유럽인들에 비해 바로 그 미덕(나라에 대한 사랑) 역시 좀 더 결여한 듯하다. 그들의 전반적인 천성은 박약한 바, 말하자면 보다 여성적이다(Townsend 1903, 310).

즉, 그간 유럽과 아시아는 각각 남성과 여성으로 비유되어 온 바, 이러한 구도 하에서는 당시의 젠더적인 통념에 따라 "일반 도덕적 품성"상의 "의지력 意力"의 강약이 한데 결부되곤 했다(タウンゼンド 1905: 276). 그런데 앞서와 같은 Bushido 해석은 이 도식을 근본에서부터 뒤흔드는 셈이었다.

사실 이는 19세기 후반부터 20세기 전반에 걸쳐, 특히 영미권 전반에 충만해 있던 "남성성의 스파르타적 新이상주의"의 유행 및 그와 한데 묶여 있던 대중적인 두려움과 밀접하게 연관된 문제였다고 할 수 있다(Mangan and Walvin 1987: 2). 그 무렵 격화되던 제국주의나 사회적 다위니즘의 유행과 서로 맞물리면서, 이러한 발상은 서구사회에서 날로 그 영향력을 더해가고 있었다. 국가적인 삶의 어떤 영역보다도 제국이란 남성성의 완성으로 비춰지던 당시 상황에서, 남자다움과 제국은 이제 모든 영역에 걸쳐 서로가 서로를 확인시켜주고 또 보증해 주면서 함께 강화되어 나갔던 것이다. 이에 따라 제국의 용어와 남자다움의 용어 사이에는 놀랄만한 일치가 엿보이는데, 공히 투쟁과 의무, 행동 및 의지, 그리고 '품성'과 같은 표현들이 남발되고 있었다(Tosh 2005: 193). 그리고 이런 와중에서 서구 여러 나라 중에서도 Bushido 열풍이 유독 현저했던 영국에서의 경우, 독일을 비롯한 후발 세력에 따라잡히지는 않을까 하는 우려는 국제정치 차원의 통상적인 '위기의식'을 넘어서 사회적 다위니즘의 틀 속에서 열등한 존재로 "전락"해 버릴지 모른다는 '공포'로서 자리 잡아가던 중이었다(The Gentleman's Magazine, Jan to Jun 1907: 668). 이에 따라 제국의 영광, 그 '패권'과 일체화된 남성적인 힘과 활력은 자연스레 점점 더 강조될 수밖에 없었으니, "과단성 있는 행동, 자기통제 및 특히 의지력을 약화시킬지 모르는 감정이나 기호 같은 것들을 억누르는 데서 드러나는 기력"이 핵심적인 미덕으로서 떠오르기에 이르렀다(Tosh : 197).

남성 고유의 미덕으로서의 "사내다운 활기", 그리고 "기독교적인 기사도"로 이상화된 남성다움의 부각. 그 영향은 이제 "(사내다운) 씩씩한 기독교 신앙" 및 "남성다운 기독교"처럼, 전통적으로 사회적인 교화의 원천으로 여겨지던 윤리 및 종교적 영역에까지 미칠 지경이었다. 그리하여 마침내는 시대정신으로서의 '문명'의 당위성까지도 뒤흔들기에 이르렀다. 관련해서, 예를 들어 한 연구자는 19세기의 미국 중간 계층의 전형적인 남성상 분석을 통해, "씩씩한 성취자", "기독교적 신사", 그리고 "거친 사내"의 세 유형을 제시한 바 있다(Rotundo 1987: 37). 그에 따르면 앞의 두 유형은 당시 격화되고 있던 경쟁사회에서의 성취를 떠받치는 적극성과 그런 시대적 풍조를 성찰하는 반성적인 미덕으로서, 기본적으로 서로 대립하지만 동시에 사회적으로는 보완하는 측면 또한 가졌다고 지적한다. 그런데, 이에 비해 세 번째 유형은 명백히 이질적이다. 더 이상 이성적인 판단 같은 것이 전혀 통용되지 않는 극한의 순간, 오직 원시적인 충동에 몸을 내맡긴 채 이런 위기와 맞서 싸우는 "야수" 같은 사람을 상정하고 있기 때문이다.

특히 이 마지막 유형에게 인생이란, 약육강식의 정글에서의 끝없는 투쟁에 다름 아니었다. 이에 여기서 살아남기 위해 필수적일 거친 호전성은 높게 평가되다 못해, 심지어 지나치게 세련된 나머지 유약함에 빠져든 '문명'보다 오히려 '힘'으로 표상되는 '야만' 쪽에 호감을 내비치는 경향마저 나타날 정도였다. 그리고 여기 이끌린 문명세계의 일부 백인들은, 이제 스스로를 기꺼이

'야만인'이라고까지 자처하고 나섰던 것이다.

물론, 그렇다고 해서 이런 남성형을 주장하는 사람들이 서구 사회의 야만화 같은 것을 꾀하거나 하지는 않았다. 그저 지나치게 '여성화feminized'하고 있던 당시의 서구 문명에 대해, 그리하여 날이 갈수록 두드러지던 소극성 내지는 무기력함을 비판하고 싶었던 것이리라. 왜냐하면 사회적 다위니즘의 영향 하에서 그들에게 문명이라는 것은 이성이나 복잡한 제도, 혹은 세련된 관습으로서뿐 아니라, 사람과 사람 사이의 원초적 투쟁에서 싸워 쟁취해낸 승리이기도 했기 때문이다. 즉, 현재로서는 문명의 정점에 서서 '이성'과 '자제'로써 야만인들 위에 군림하고 있는 것이 사실이다. 하지만 이것도 싸울 '힘'과 '용기'가 있고서야 비로소 가능한 일이라는 발상이었다. 이에 따라 한편으로는 세련된 문명화의 레토릭이 유행하면서도, 다른 한편에서는 "과도한 문명화"에의 경계가 제기되는 아이러니한 상황이 전개되기에 이른다.

이에 당대의 이 같은 발상을 가장 명징하게 드러내 보였다고 일컬어지는 Strenuous Life에서, T. 루즈벨트(1858~1919)는 "오직 문명화된 사람들의 호전적인 힘이야말로 세계에 평화를 가져다줄 수 있다"며 사내다운 기력과 제국, 그리고 문명화의 사명을 결부시킨다(Roosevelt 1903a: 37). 그가 보기에 개인에게도 국가에게도 세상이란 생존 그 자체를 걸고 경쟁하는 극한 상황에 다름 아니었다. 게다가 여기에선 끝이란 존재하지 않는다. 지금이야 패권을 쥐고 있더라도 한순간만 방심하면 필연적으로 "중국 사례에서 이미 알 수 있듯, 이 세상에서 어떤 나라라도 전쟁을 멀리하거나 고립된 채 편안함만을 추구하다 보면 아직 사내다움과 대담성을 잃지 않은 여타 나라들 앞에 무릎을 꿇게 될 수밖에 없다." 생각해보라, 러시아 제국이 만약 톨스토이 식 사상대로 행동했다면, 이미 그 신민들은 작금의 아르메니아 사태에서 알 수 있듯 타타르 야만인들에게 말살되었으리라. 따라서 이론의 여지없이 그런 종류의 소위 '평화주의적인 가르침'은 도덕에 반한다는 주장이었다. 물론 불의한 전쟁은 옳지 못하다. 그러나 건전하지 않은 "평화 신비주의"의 폐해는 도리어 이보다 더한 법이다.

> 평화를 이뤄 내는 문명의 모든 확장. 달리 말하면, 문명화된 위대한 열강의 모든 확장은 법과 질서, 그리고 정의의 승리를 의미한다. ...매 순간마다 이런 확장은 득이 되나니, 비단 열강 자신에게 뿐만 아니라 온 세상에 그러하다. 매순간 마다 확장 중인 열강은, 멈춰 서 버린 나라들이 할 수 있었던 것에 비해 훨씬 위대하고 중요한, 문명에 대한 의무를 다하고 있음이 결과로서 여실히 나타나고 있다(Roosevelt 1903a: 32).

그리고 이런 문명에 대한 의무, 그 국가적인 과업을 사내답게 다해내지 못한다면 보다 대담하고 보다 강한 이들이 그런 우리를 능가해, 세계의 패권을 대신 쥐게 되리라는 논지였다.

그렇다면 모든 것이 연약해지고 있는 오늘날, 이 어려운 과제를 성취해 내는 데는 무엇이 필요할까. 싸우는 용기? 얼마 전 1898년의 미국-스페인 전쟁의 교훈을 돌이켜볼 때 그저 용맹만으로는 충분하지 않다고 지적한다. 오히려 중요한 것은 다른 무엇보다도 정신적 "활기(氣力, energy)"라는 것이었다(Roosevelt 1903b: 196; ルーズベルト 1904: 97). 이에 더해 물론 '도덕적 결의'나 '도덕심'

또한 성공을 향한 남자다운 투쟁에, 그 진정한 사내다움을 위한 "강철과 같은 덕목"에서 빼놓을 수 없다고 강조한다.

당시 유행하던 "장부다운 원기"를 중핵으로 하는 이 같은 "품성character" 론적 관점에서 보자면, 루즈벨트를 비롯해 그즈음 서구사회의 수많은 이들이 내비친 소위 Bushido 및 그 가치관에 대한 깊은 공감은 오히려 자연스러운 일이었던 것이다(Dennett 2005: 35).

나가며: '계보 쌓기'와 '족보 찾기'의 사이에서

이런 메이지 시대에 접어들면서 부터의 무사도(론)의 전변에 대해, 당시 한 외국인은 다음과 같이 기술한 바 있다. 한때 바쿠마츠 때의 낭인들의 폭거와 테러가 어쩌나 심각했던지, 외국인들은 "일본 기사도"에 대해 소요와 무례함, 그리고 살상의 상징처럼 여기던 시절이 있었다. 그러나 후쿠자와 유키치(福沢諭吉 · 1835~1901)와의 면담을 통해, 비로소 이것이 지나친 과장이었음을 깨닫게 되었다는 것이다. 오히려 실상을 알고 보면 이만큼 경이로운 경우도 다시 없다며 그는 이렇게 발언한다.

그런 유례없는 [봉건적]권리들과 면책특권들을 누려왔음에도, 수세기의 평화 동안 운명 지워 졌던 게으른 삶에도 불구하고, 그들이 기사도를 이토록 온전히 지켜냈다는 것은 그저 경탄스러울 따름이다. ...오늘날 일본에서 사무라이라는 이름은 흠 없는 그런 것이다. 온 나라 사람들에게, 우리가 중세 무훈담의 진정한 기사와 연관시키는 고상한 덕목과 영웅적인 헌신의 동의어로서 여겨지고 있다(Knapp 1897, 50).

나아가 덧붙인다. 오늘날까지 내려온 저 영광을 보라! "...서구세계에서 는 이미 기사도가 몰락해 결투와 '명예심' 정도를 제외하면 남은 게 없지만, 일본에서는 국가적인 삶 속에서 사무라이의 혼이 온전히 충만해 있다"는 것이었다.

이런 식의 견해들이 실제 상황과 얼마나 어긋나는지에 대해서는, 굳이 본고 첫머리에서의 챔벌레인의 지적을 언급하지 않더라도 당시부터 이미 제기되던 바였다. 기실 당대 서구의 관련 사료들을 검토하다 보면, 해당 시기 중 일본을 향해 쏟아지던 찬사들 사이사이에서 일본인들이 이렇게 "유럽인 과 미국인들로부터 받는 과도한 칭찬으로 인해 정신적인 응석받이"라도 되 면 어쩌나 하는 우려들, 혹은 기사도-Bushido적 '착각'에 대한 위구심 역시 적지 아니 발견된다(브란트 2009: 330). 그러나 이런 지적들은, 밖으로부터는 이상 에서처럼 이미 서구에서는 상실된 핵심적인 미덕의 체현에 대한 칭송에, 국 내적으로는 향후 일본 우월성론에까지 이르게 될 국가적인 자신감의 강렬한 고양에 가리어진 채 전반적으로 별다른 반향을 이끌어내지 못했다. 구미에 서든 일본에서든 이런 '실상'은 당시 필요로 하던 사회적인 '요구'에 제대로 부응할 수 없었기 때문이다.

하물며 일본적인 성공 방정식을 서둘러 추출해내고 싶어 하던 여타 몇개화 국가들, 요컨대 청나라나 조선의 경우는 말할 것도 없었다.

> 시험 삼아 보자. 동서고금을 물론하고, 소위 국가단체를 조성, 유지하는
> 민족은 그 국가 특유의 나라 혼國魂을 가졌도다. 그 실례를 거론하자면, 무사
> 도武士道를 숭상하여 국가를 위해 자기 생명을 초개처럼 보는 것이 일본의
> 대화혼大和魂[이라.] …만일 일본인이 되어서 대화혼을 갖지 않았다면 어찌
> 동아시아의 작은 나라로서 오늘날의 저런 지위를 얻었을[리오.] …그 혼을
> 발휘하여 그 나라를 발전시키지 못한 자 없노라(太極學報/1906/12/24).

저들의 성공이 '무사도' 덕분이라면, 우리에게도 그런 것이 있어야 하리
라. 따라서 "무릇 어떤 민족, 어떤 국가를 말할 것 없이 무사도가 없는 자가
없다"는 주장이 급작스레 마치 자명한 전제라도 되는 것처럼 내세워졌다(안확
1919: 161). 이로부터 '양만춘'이나 '이충무' 같은 모범적인 영웅들이 발굴되었
고, 곧이어 단군 이래 이 땅에서의 무사도적 전통을 구축해 보려는 노력들이
경주되었다.

일견 이는 일본에서 추진되었던 계보 구축의 시도와 별반 다르지 않아
보일 수 있다. 그러나 앞서 살펴본 오자키를 비롯해, 명치 무사도에 대한 논의
가 막 일어나기 시작했던 초기 시점에서의 상황을 돌이켜 본다면 한 가지
중요한 차이점을 발견할 수 있다. 애초에 명치 무사도는 '무사도' 그 자체를
발굴해 내려 했던 데서 비롯된 것이 아니라, 일본의 몇몇 지식인들이 당대
일본 사회의 문젯거리라 판단해서 추락해 버린 사회적 기풍을 일신하기 위해
새로 구성해 보려 한 것이었다. 따라서 그 핵심은, '무사'들의 역사적인 실체

쪽이 아니라 충성심, 그리고 가열 찬 경쟁이나 역경에도 굴하지 않을 강인한 '기질' 쪽이었고, 여기에 "무사기질"이라는 이름을 덧씌운 셈이었다.

　이런 관점에서 본다면, 상기 조선(에서의) 무사도의 족보를 찾아내려는 쪽으로 치우쳐진 양상이란, 말하자면 '문제의식의 일본화'는 물론, 방편의 '조선화'마저 제대로 이루어지지 못한 경우에 해당하는 셈이다. 물론 오자키가 군이 '무사'라 언급했듯, 혹은 후쿠자와가 '미카와 부시三河武士'를 거론했듯 스스로에게 친숙한 역사적 사례를 이끌어 내는 것 그 자체는 당연한 일이다. 하지만 그렇다고 해도 "중국이나 조선에서의 경우 무관들이 문관들보다 못한 지위에 놓여있었을 뿐만 아니라, 군대의 주요 자리들은 그간 항시 무예와 관련된 탁월성이 아니라 문관들과의 친밀한 관계를 통해 채워져 왔다."는 식의 인식이 사회적으로 팽배해 있던 와중에서, 조선의 개화 지식인들은 왜 하필 조선 무사도를 동원하고자 했던 것일까(The Independence, 11 Jul. 1896)?

　요컨대 상식적인 문제탐구 과정에서 보자면, 이렇게 주어진 틀에 따라 무사도의 유무를 따져보기에 앞서 애초에 해당 요소가 정말로 당시 조선 사회에서의 진정한 문젯거리였던지 부터 물었어야 마땅하리라. 이런 측면에서 조선적인 "무기력함"이라고 하는 바깥 서구 문명세계로부터의 문제의식에서 출발했을뿐더러, 방법론적인 측면에서도 외부 세력의 힘과 호의에 의한 사내다운 호전성("Japanization")이나 정신적 각성("Christianization")의 배양을 통해 풀어내고자 사유하던 윤치호의 경우에서 단적으로 드러나듯, 이토록 손쉽게 차용되어 버린 '식민화된 문제의식'이야말로 당시 조선의 진정한 문제였던 것이 아닐까(유불란 2013, 91-2; 강정인 2013, 75)? 그리고 이 점에서, 조선에서의 무사도론에 대한 열광과 그를 둘러싼 논의 또한 예외가 아니었던 것이다.

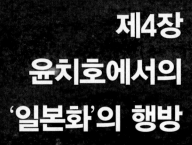

제4장
윤치호에서의
'일본화'의 행방
– '목적'과 '방편'의 전도

윤치호에서의 '일본화(Japanization)'의 행방

– '목적'과 '방편'의 전도

문명화는 목적인가 수단인가?

'우연한 독립'의 부정

청일전쟁 후 조선의 상황에 대해『독립신문』의 한 논설은 이렇게 개괄한다.

● 이 장은 2013년에 간행된 「'우연한 독립'의 부정에서 문명화의 모순된 긍정으로: 윤치호의 사례」(『정치사상연구』, 2013, pp.85-108)을 수정·보완한 글입니다.

지금...나라를 보존하는 힘이 조선 사람에게 있지 않고 다른 나라를 믿고만 있다. 조선이 자주 독립이 되었다지만 조선 사람은 총 한방도 쏘지 않았고, 자주 독립을 하겠다고 원한 일도 없지 않던가. 그런데도 남들이 억지로 자주 독립이라고 시켜준 것이라, 오늘날 조선이 말로는 세계 각국과 동등하다고 들 하지만 실상을 보자면 조선이 어찌 자주 독립국이겠는가(독립신문 /1897/07/27)?

일찍이 후쿠자와 유키치福沢諭吉는, 그의 대표작이라 할 수 있는『문명론의 개략』중 해당 저작을 집필하던 1875년 즈음의 상황을 두고, 일본이 지금 독립해 있는 것은 사실 제대로 실력을 갖춰서가 아니라 외세의 침략을 받지 않은지라 그저 "우연히 독립의 체모를 이룬 데 불과하다"며 일침을 가한 바 있다(福沢 1959a: 209). 후쿠자와의 표현을 빌자면 "우연한 독립"이란, 하물며 "남이 벌어서 준 자주독립"이란 제 스스로 설 것을 강조하는 문명론의 관점에서 볼 때 자기모순에 다름 아니었다. 그런데 이 같은 오류를 자주와 독립을 역설하고 있는 터인 개화 지식인들이 범하고 있다는 점에서, 이는 더더욱 문제가 될 수밖에 없다는 것이었다.

"남에게 의지하는 것을 주선하는 사람들." 이 표현은 비단 당시 '개화당'뿐 아니라, 결국 일본 지배 하에서의 문명화 지지로 귀결되었던 이후 조선의 여러 개화 지식인들에게도 그대로 적용될 터이다. 하지만 이들이 끊임없이 역설했던 "타인의 힘他力에 의지하지 말고 자신의 창조력과 자조·자립"으로 일어서야 한다는 신념과 문명국 관리 감독하에 자신의 근대화를 '위탁'하는 편이 낫다는 판단은 서로 어떻게 공존할 수 있었던 것일까(좌옹윤치호선생회갑기념회

1934: 197)? 한 연구자의 지적처럼, 이제까지 "몰주체적 서양화"나 "현실주의적 인식의 빈곤" 등, 문명개화론 수용상의 문제점과 관련해서는 다양한 각도에서의 검토 및 비판이 이루어져 왔다(이원영 1997: 136). 그러나 정작 수용의 당사자들, 즉 문명론 및 문명화 담론의 ⾮서구 쪽 수용자가 실제로 어떤 과정을 거쳐 그처럼 귀결되기에 이르렀는지에 대해서는 여전히 제대로 해명되어 있지 않다(박지향 2010: 24-25).

민두기의 지적대로 근대화를 이루기 위해 조급한 "시간과의 경쟁"이 당시 동아시아를 관통하는 시대정신이었음에는 이론의 여지가 없지만, 그럼에도 조선처럼 개화를 향한 실천적인 모색 위주로 그렇게 기우뚱하게 치우쳐진 채 진행된 경우는 ⾮서구 후발 근대화 주자들 가운데서도 달리 비교할 만한 대상을 찾아보기가 어려울 정도이다(길진숙 2004: 347). 심지어 조선의 개화 지식인들 중 상당수는 개항 이래 채 한 세대도 지나지 않은 시점에서, 이미 스스로를 외국에 내어 맡겨서라도 문명화를 달성해야한다는 극단적인 발상으로까지 나아갔던 것이다.

제대로 된 근대화 없이 민족적, 국가적 '생존'을 도모할 수 없다는 것은 당시 조선의 누구에게나 이미 부정할 수 없는 사실로서 여겨지던 터였다. 하지만 그렇다고 이런 필요성으로부터 위탁, 즉 근대화를 위해 '독립'을 뒤로 미루거나 심지어 기꺼이 희생시켜서까지 문명화부터 우선해야 한다는 주장이 과연 도출될 수 있는 것일까? 제아무리 독립의 본의가, 구한말 조선처럼 주변 어느 열강도 아직 한반도를 독식할 만큼 압도적인 우위를 차지하지 못해 유지되던 모양새만의 "우연히 독립해 있는 형태" 같은 것이 아니라 진정 "제 홀로 설 수 있는 힘을 가리키는 말"이라 여기더라도, 이처럼 아예 본말을 전도시키는 데 대해서는 상식적인 차원에서라도 당연히 의문을 품었어야 하지 않았을까.

하지만 흥미로운 점은, 조선의 보호국화가 이미 가시화된 1904년의 시점에서 한반도에 대한 일본의 점증하는 정치적 압박을 비판하는 기사에서조차, 오히려 문명국으로서 소위 '문명화의 사명'을 다해주길 기대하고 있는 듯 보인다는 데 있다.

> 영국에서 이집트를 식민지로 취해 그 나라를 아무쪼록 개명진보가 되게끔 해서, 그 나라 백성들에게 이익을 많이 있게 해주었다. [그런데 이에 비해] 지금 일본이 한국을 진보시키겠다고 하는 것은 다만 자기나라에만 보탬이 되게 하려는 것이 분명한 듯하다(대한매일신보/0904/09/10).

본래 해당 논의는 보호를 구실로 이집트를 차차 점령해 버린 영국의 수법을 모방해, 이번에는 일본이 조선에 구사하려 한다는 당시 세간의 의심에서 비롯되었다. 따라서 논의의 초점은 일본이 조선을 정치적으로 정말 종속시킬지, 그런 경우 정치적인 독립은 얼마나 훼손되고 또 남겨질지에 맞춰지는 것이 자연스러울 터였다. 일단 해당 논자는 영국이 이집트를 자기 뜻대로 지배하고 있음을 인정한다. 그러나 곧이어 문제 삼은 것은, 영국과 일본이 피보호국의 문명화에 얼마나 기여했는지의 비교였다. 덕분에 이제 논의의 방향은 엉뚱하게도 문명화 수혜자에 대한 '문명화의 교사'로서의 진정성 쪽으로 전환되어 버린 채, 그런 와중에서 문명화의 사명이란 마치 자명한 당위라도 되는 듯 지나치고 있음을 알 수 있다.

자발적인 위탁론에 대한 기왕의 연구는 이처럼 당시 조선의 대개의 개화 지식인들이 "하등의 갈등"도 느끼지 못했다는 데에서 출발하고 있는 것으로 보인다(김도형 1994: 66). 그 원인을 두고 문명제국의 선전을 지나치게 순진하게 믿었다고 여기든, 혹은 어느새 저들 열강과 스스로가 한 몸인 양 착각할 정도로 매몰되어 버렸다고 평하든, 어느 경우에서나 궁극적으로 개화 지식인 개개인이 문명론 및 문명화 담론에 대한 충분히 비판적인 수용 자세를 견지하지 못했다고 전제하는 점에서는 일치하고 있다. 일찍이 맑스는 후대의 역사를 마치 앞선 역사의 목적이라도 되는 양 왜곡시켜 버리는 '원근법적 도착성'에 대해 지적한 바 있는데, 이와 유사하게 그간의 문명론 수용과정에 대한 분석에서는 대부분 한 쪽 끝에 출발점으로서 당시 서구 문명제국에서 선전된 문명화 관련 담론들을 놓고, 다른 쪽 끝에는 귀결점으로 非서구 수용자들의 이른바 "패배주의적 인식"을 고정시켜 놓은 뒤, 서로의 인과관계를 마치 자명한 듯 곧바로 연결 지어 설명하는 방식을 취해왔다(고진 1998: 172; Marx 2022: 34).

　사실 이처럼 '어떻게 수용했나'를 실증적으로 고찰하기보다 내면화된 이데올로기가 그대로 행동의 기본 방향을 규정하리라는 식으로 접근하려는 경향성은, 비단 문명화의 수용양상에 대한 분석에서뿐 아니라 사상 수용 문제를 다루는 연구 전반에서 흔히 드러나는 바이다(廣田 1997: 7). 그러나 설령 어떤 특정 이데올로기를 성실하게 받아들이려 했다 하더라도, 과연 수용자는 이를 곧장 '자동적으로', 들은 그대로 내면화했던 것일까(단턴 2003: 286)? 적어도 조선에서의 자발적 위탁론의 대표 격으로 평가되는 윤치호의 경우, 이런 일방성과는 거리가 멀어 보인다.

윤치호에 대한 지금까지의 연구는, 주로 민족주의적 관점에서 식민지 시기에서의 그의 친일행적을 중심으로 여기에 그의 여타 요소들을 연결 지어 나가는 방식으로 이루어져 왔다고 해도 과언이 아니다. 이에 따라 논의의 초점은 당대 조선 최고의 지식인이자 지도자 격 인물로서 그런 만큼 마땅히 짊어졌어야 할 민족적 의무에 대한 그의 망각 내지는 책임 방기에 맞춰져, 기존 친일파 연구에서 종종 그러하듯 개인적인 도덕성이나 그 연장선상에서의 '변절'을 문제 삼아 왔다(김상태 2005: 47). 그러나 이 같은 관점으로는 문명국 지배 하에서의 문명화 모색이 비단 윤치호뿐 아니라 당시 여타 조선 개화 지식인들 사이에서도 폭넓게 나타났다는 사실을 설명하기에 무리가 따를 수밖에 없다. 특정 시대 특정 세대가 유독 정신적으로나 도덕적으로 유약한 인물들로만 가득 차 있었을 리는 만무하기 때문이다.

이 점에서, 세계관으로서의 문명론의 논리 그 자체 속에 이미 "非애국적"인 덫이 내재돼 있었다고 지적한 정용화의 주장은 주목할 만하다(정용화 2004: 397). 그는 수용자 쪽 인식의 틀에 주목할 필요성에 대해 강조하면서, 서구 문명론이란 당시 조선의 개화 지식인들에게 요컨대 문명의 중심으로 삼은 국가가 서양으로 바뀌었을 뿐, "또 하나의 보편주의"처럼 받아들여졌음을 지적한다. 그리고 이렇게 그 저변에 깔려 있던 "전근대의 보편주의적 의식"이 개별 국가의 생존과 직결될 "개체주의적 사고"의 생성에 저해 요인으로 작용했다는 것이다(정용화: 423-4).

이와 같은 사상적 수용배경에 대한 지적 쪽은 충분히 수긍할만하다. 하지만 문제는, 실제 수용과정에 대한 설명방식 쪽에 있다. 그에 따르면 서구문명은 본질적으로 "공리적"이기에 수용자 또한 그런 공리성의 결정체로서 저들의 부강함에 압도되어, 이를 효율적으로 달성하기 위해서라면 심지어 외국의 보호까지도 감내할 지경에 이르렀다는 것이다. 과연 당시 서구문명이 정말로 공리적이었는지도 의문이지만, 그런 본질여부 문제와는 별도로, 그래서 조선의 개화 지식인들이 공리적으로만 인식했을지에 대해서는 많은 의문이 남는다. 정용화의 주장대로 문명론의 논리 속에 보편주의와 개체주의 간의 충돌이 진정 내재되어 있었다면, 위탁론에 이르는 수용과정 또한 이 딜레마와의 관계 속에서 풀어야 하지 않을까?

'친일 민족주의자'라는 문제

윤치호의 후반생, 특히 30년대 이후의 친일적인 행태를 고려한다면, 결국 그가 제국 일본을 보편삼아 개체로서의 조선쪽은 완전히 망각해 버린 것처럼 비칠 법하다. 사실, 그가 "일본의 신민이 되든지, 아니면 유럽이나 아메리카, 혹은 천국으로 가는 것 외에 달리 도리가 없다"라 한탄한 대로, 중일전쟁이 발발하고부터는 조선의 누구나가 식민지 당국과 협력하지 않을 경우 문자 그대로 망명이냐 죽음이냐의 어느 쪽인가를 택해야 하는 위기에 처하게 된다.[1] 그리고 이런 압박 하에서, 실제로 그간 친일인지 반일인지의 경계선상에서 애매한 태도를 취해 온 조선의 민족 지도자들 중 다수가, 이른바 식민지 당국에의 '부역'으로 전향하기에 이르렀다는 것은 잘 알려진 사실이다.

---

[1]   일기/1938/07/26. 아울러서 이광수, '(附)친일파의 변(辨)' 「나의 고백」 (『이광수전집』7, 삼중당, 1972), p.286를 함께 참조할 것.

이때를 기점으로 당국에 대한 윤치호의 태도가 명확하게 달라졌다는 데 대해서는 의문의 여지가 없어 보인다. 심지어 그의 "성심협력"이 그저 강요에 의한 마지못한 선택이었는지가 의심스러울 정도로, 제국 일본을 향해 "애국적 정열"을 부르짖거나 자발적으로 당국을 방문해 협력 방도를 요청하기도 했던 해당 시기에서의 그의 언동은 분명 능동적인 협력으로밖에 비치지 않는다(유영 렬2011: 284). 그러면 이 단계에 이르러 그는 결정적으로 '변절'하게 되고 만 것일까. 하지만, 그렇다고 하면『일기』에서 그즈음 동시에 등장하는 당국이 "바라는 바에 거스르지 않음을, 회피가 아니라는 것을 보여주기 위해" 지시대로 행동했다 같은 속내와 '팔굉일우八紘一宇' 정신에 대한 자발적인 찬미 같은 고백 중 어느 쪽이 그의 '진짜 의도'를 담고 있다고 봐야 할까(일기/1934/07 /08).

이처럼 협력 및 협력자 문제를 내재적 논리의 관점에서 다시 고찰해 보려는 최근 연구에서 지적하고 있듯이, 이른바 "숨은 동기" 쪽으로 시선을 옮기면 친일이라는 문제가 겉보기보다 훨씬 복잡한 양상을 띠고 있음을 알 수 있다(김 상태 2001: 47). 한편으로 윤치호는, 조선도 위풍당당한 일본 제국의 국가체제에 철저하게 '동화'되어야 한다고 봤고, 이를 위해서는 물질적이거나 정치적인 측면에서 뿐 아니라, "정신적으로도 심령 면에서도 내선일체를 완성하자"고 공언했다(일기/1938/09/07; 1943/03/01; 1941/03/04). 하지만 동시에 다른 한편으로는, 예를 들어 창씨개명에의 강요를 받게 되자 내비쳤던 것처럼, '일체화'에 대해서는 반대의사를 분명히 하기도 했다.

이렇게나 정열적으로 조선 전체를 일본 기준에 맞추게끔 강요하는 것은 적절치 않을뿐더러, 또한 현명하지도 못한 정책이라 생각한다. 삶에서 다양성이야말로 조미료와 같은 것이다. 일본이 열망하고 있는 대제국은 다민족으로 구성되어야 할 터이다. 다민족 구성원들에게 모든 면에서 정확하게 똑같이 되게끔 강제하는 것은 불가능할뿐더러 어리석은 정책이기도 하다(일기/1940/01/0 4).

그럼에도 불구하고 물론 이는 결국 제국 내에서의 지위 향상을 노린 것일 뿐, 정작 조선민족의 독립문제에 대해서는 해방을 맞이하고서 조차 이를 "은총의 선물"이라며 우연히 주어진 데 불과하다고 일관되게 부정적으로 인식한 데서, 그를 '문명개화지상론'에 사로잡힌 "사실상의 친일파"라 평가할 수도 있다(윤경남 1995: 202- 235; 박찬승 1992: 153). 하지만, 그러면서도 다른 한편으로는 또한 "(우리)민족을 구제할 방법"을 세울 수 있을 만큼 충분히 학습된 새로운 세대가 나타나리라 기대해 마지않았던 데서, 극히 추상적일지언정 그래도 여전히 독립을 전제로 한 '실력양성론'자로 보는 것도 아주 불가능하지만은 않을 수 있다(일기/1920/01/08; 1905/06/20). 그러나 아주 이른 단계에서부터 견지하고 있던 대영제국에서의 스코틀랜드 모델에 따라 그가 제국 일본과 식민지 조선과의 상생을 모색해 보려 했던 데 대해, 그래서 이를 "성심 협력"으로 분류해야할 지, 혹은 "위장 친일" 내지 "내재적 민족주의"로 구분해 내야할지를 따지는 접근방식은, 사실 그의 구상을 정확히 이해하는 데 방해가 될 뿐이다(김원모 2009: 1129; 박지향 2010: 205). 일례로, 조선인 지원병 제도를 두고 "용맹한 일본군의 지도와 훈육 하에서 조선 민족의 재무장"이 이루어질 기회라며 기뻐했던 데서 단적으로 드러나듯, 윤치호는 일본과 조선 사이의 어느 쪽인가 만을 선택하려 한 것이 아니라, 특히 식민지 시대에 접어든 후부터는 더더욱 어떻게 양편을 아우를 수 있을까를 고민했기 때문이다(일기/1939/05/09).

실제로 그의 언동에는 앞서 살펴본 대로 제국 일본과의 동화와 민족적 정체성의 견지, 일본에 대한 혐오와 선망, 식민지 당국과의 협력과 비판 등, 일견 서로 도저히 용납될 수 없어 보이는 대립 항들로 가득 차 있다. 하지만 이는 당국에 대한 협력적 태도를 내보여야 할 필요성 이상으로, 식민지 지배가 현실이 되기 훨씬 전부터 그가 평생의 지론처럼 품어 왔던 '기력론'과 '상무론'의 관점에서 앞서 지원병 제도에 대해 찬동했던 데서 단적으로 드러나듯, 그의 내면에서는 서로 지극히 밀접하게 연결되어 있었다. 때문에 어느 한쪽의 면모만을 잘라내어 그를 친일 내지 반일로 평면화시켜서는 윤치호를 특징짓는 '양가성', 다시 말해 대립 항들 사이의 틈(in-be tween)이 자아내는 "불온한 거리감"에서 촉발된 내면의 저 긴장감을 제대로 해명할 수 없게 된다(박상기 2005: pp.227-231; Bhabha 1994: 117).

방편 찾기 - '일본화'

극단적인 저들/우리 대비시키기

그렇다면 윤치호에게서 이 같은 대립 항들은 언제부터, 또 어떻게 생성된 것일까. 이를 풀기 위한 열쇠는, 흥미롭게도 『일기』의 제일 첫 문장에 제시되어 있다. "일본의 저 태평한 기상이 나로 하여금 부러움을 이기지 못하게 하누나"(일기/1883/01/0 1)! 바로 이 '부러움'이야말로 60여 년 후 그의 일기가 중단되는 바로 그 순간까지도 일본에 대한, 나아가 미국을 비롯한 서구 문명제국을 향해 윤치호가 품고 있던 근본 정서를 나타내주고 있다.

하지만, 이렇게 그가 일본 및 구미 여러 나라의 눈부신 번영에 압도되면 될수록, 그런 강렬한 찬탄은 당시 스스로를 향한 비서구인들의 부정적인 자기 인식 쪽에도 더욱 짙게 음영을 드리우게끔 만들 터였다. 단적인 사례로, 미국유학으로부터의 귀로 길에 일본을 거쳐 중국 땅에 도착한 윤치호는, 불과 수개월 전 부산을 바라보며 "'낙원과 같은 일본과 비교할 때 너무나 대조적인 풍경이었다!'고 외친 바르텍(Ernst von Hesse-Wartegg · 1851-1918) 등 외국 관찰자들도 그러했듯, 상하이에 발을 내딛자마자 휩싸이게 된 즉각적인 호오의 감정을 다음과 같이 대비시킨다(바르텍 2016: 13).

일본에 도착했을 때의 첫 인상이 즐거움과 기쁨이었다면, 오늘 저녁 밀려드는 중국인 무리를 보고 느낀 것은 고통과 혐오감이었다. 일본 길거리를 거닐 때는 행복할 수밖에 없었다. 나의 오감을 열어 어디서든 볼 수 있는 깔끔하고 예쁜 것들을 즐기고자 했다. 그러나 중국 길거리에서는 모든 데서 풍기는 불쾌한 악취와 불유쾌한 풍경들을 피하기 위해 코를 막고 눈을 감아야 했는데, 그때마다 차오르는 언짢고 불편한 느낌을 어쩔 수가 없었다(일기/1893/11/14).

"동양의 낙원이여!"와 "지옥보다 더 나쁜 곳." 이 같은 극단적인 대립 쌍은, 얼핏 그가 얼마나 철저하게 '문명의 시각'에 매몰되어 있었는지를 드러내 주고 있는 것처럼 보인다. 청일전쟁을 두고 윤치호가 "서방의 재창조적 문명과 동양의 퇴락해 가는 야만주의 사이의 전쟁" 운운한 발언을 굳이 언급하지 않더라도, 근본적으로 이상에서와 같은 그의 감각이 물론 당시 문명론 유래의 가치관으로부터 비롯되었음은 두말할 나위가 없다(일기/1894/09/27). 하지만, 동시에 윤치호가 일방적으로 문명제국 편에만 서거나 하지 않았다는 데 주의할 필요가 있다. 실제로 당장 앞서 중국에 대한 태도만 하더라도, "중국의 보편적 악"에 대한 가열 찬 비판만큼이나 그런 가운데서도 어느 서양선교사가 "[중국에 대해] 거칠고 피상적인 평가"를 한 데 대해서는 강하게 반발하는 모습 또한 발견할 수 있기 때문이다(일기/1894/05/17).

　미국에 대해서든 중국에 대해서든 혹은 일본에 대해서든, 그가 맞닥트린 상황과 입장에 따라 이처럼 같은 대상에 대해서도 칭송과 악담이 교차하는 경우가 사실상 일기 전체를 통틀어 되풀이되고 있다. 문명적 시선에 입각해, 택할 수만 있었다면 일본에서 태어나고 싶었노라며 드러낸 그의 저 악명 높은 일본 편애 발언 같은 경우는 판단하기에 별반 어려움이 없을 터이다. 하지만 일본의 러시아에 대한 승리라는 하나의 사실을 두고도, 조선인으로서는 "조선의 독립이라는 관에 박히는 못"임에 절망하되, "황인종의 일원"으로서는 기쁨을 감추지 못하겠다던 그의 일본에 대한 상반된 감정 중 어느 쪽이, 어느 날의 기술이 그가 내린 궁극적인 '결론'이었을까(일기/1905/06/02)? 윤치호에 대한 그간의 연구에서는, 앞서 "동양의 낙원" 운운한 부분처럼 누구 눈에도 문명적 시각에 침윤된 것으로 보일만한 극단적인 표현만을 가려내, 이를 마치 일관된 그의 신념인 양 부각시켜왔다(쿤 데 괴스테르 1995: 299). 그렇지만 원래 일기라는 해당 매체 자체의 특성이기도 할 터인데,『일기』를 통해 확인되는 그의 모색은 대부분 오히려 그때그때 맞닥트린 상황과 맞물린 채의 '구체의 사고'에 가까운 것이었다. 따라서 얼마만큼 극단적인 표현을 쓰는 지로 그가 얼마나 확고하게 친서구 내지 친일 성향을 띠었는지를 뒷받침하려는 기존 접근방식은, 서구문명의 압도적 위력 앞에서 부러움과 분노, 경탄과 혐오를 한꺼번에 느끼던 非서구 수용자로서 윤치호가 겪고 있던 내면의 분열과 갈등을 지나치게 단순화시킬 위험성을 안고 있다.

오히려 주목해 볼 부분은 피부감각에 따른 이러한 일견 자연스러워 보이는 '대비'가, 그리하여 궁극적으로 무엇을 초래했는지의 그 효과 쪽에 있다. 예를 들어 윤치호는, 앞서 중·일을 대비시키면서 서양지인 중 누군가가 중국에 싫은 내색을 하면 그 사람을 비난한 적도 있지만 이제부터는 그와 같은 비난을 거둬들이겠노라 선언한다. 왜냐하면 해당 비판이 얼마나 적절한지와 별도로, 어쨌든 중국의 전반적인 상황은 비난받을만하기에 비난받는다는 것이었다. 이렇듯 윤치호에게서는 문명적 시각의 부당함을 인지했음에도, 그에 비해 조선이나 중국의 심각하기 그지없는 문제적 상황 탓에 이를 '감수'하겠다는 식의 특징적인 열패감에 찬 자세가 드러나곤 한다.

문명 측의 불합리한 처우에 심한 모욕감을 느끼면서도, 그 불합리함에 대해 그토록 꼼꼼히 하나하나 적시하기까지 했으면서도, 결국 그는 마지막에는 늘 이렇게 말하며 오히려 문제를 제 탓으로 돌리곤 했다. "저들의 잘못이나 실수를 비판하다가 우린 저들에게 진 문명화의 빚을 아주 잊어버리곤 한다"고. 『일기』를 통틀어 지속적으로 반복되는 윤치호의 이러한 기묘한 내 탓이오 식 '전회'는, 이렇게 그에게서 특징적으로 나타나는 상대우열적인 논법을 전제로 해서 접근할 때 비로소 이해할 수 있다(일기/1893/12/01). 요컨대 윤치호로서는, 이 같은 대비가 극단화되면 될수록 벌어져만 가는 저들과 우리 사이의 문명적 격차를 메울 수만 있다면, 어찌 됐든 문명화를 향유할 수 있게 된다면 어떠한 폐해라도, 심지어 위탁마저도 기꺼이 감수하겠다는 식의 그 스스로가 이르길 "자포자기" 쪽으로 빠져들어 갔다.

이러한 매끄러운 경사 길은 결국 어디로 귀결되었을까.

십 년만에 조국에 돌아왔다. …그러나 아, 난 지금과 마찬가지로 슬펐다. …오물더미의 지독한 냄새가 사방으로 풍기고, 지독히 가난하고 무지하고 어리석은 사람들. 도저히 지켜낼 능력이 없는 조선을 슬프게 상징이라도 하듯 벌거벗고 볼품없는 민둥산. 이런 모습들은 어떤 애국적인 조선인이라도 역겹게 하기에 충분하다. 나는 절망적인 미소 밖에 지을 수 없다. 조선의 상황을 개선하기 위해 무슨 일이든 할 수 있는 이라면 와 달라. 열 번이라도 오라(일기/1895/02/12).

그리고 이런 와중에서 윤치호는, 저들 문명국이 "학교 교장 노릇"을 해주느라 동반되는 식민지적 근대화 과정에서의 "모든 어리석은 행위와 범죄"에 대해, 한 편으로는 분노하면서도 동시에 다른 한편으로는 이처럼 큰일을 해나가는 과정에서 "불가피한 필요악"이라며 기꺼이 감수하게끔 되어 갔던 것이다(일기/1891/05/12).

'활발진취적인 기풍' 대 '노예근성'

이 같은 문제의식 하에서 윤치호가 조선의 문명화와 관련해 가장 먼저, 그리고 가장 핵심 되는 문젯거리로 꼽았던 것이 '기상'의 상실과 그에 따른 '노예근성'의 만연이었다. 도미 직후 그는 조선의 현 상황에 대해 다음과 같은 전반적인 진단을 남긴다.

한 나라의 흥망성쇠는 그 나라 인민의 지각과 기상에 달려있을 터이다. 그러나 우리나라 백성들은 수백 년 남의 노예가 된 탓에 지각도 사내다운 기상도 조금도 없다. 또 세상 비할 데 없는 모진 정부에 오백년 압제를 받아, 상하 관민이 남에게 의지해 구차히 목숨 보전하기만을 도모하고 있다. 지금 우리나라의 형세로 독립을 어찌 바라며, 또 독립한다 한들 어찌 다가올 문제에 방비하며 국가를 보전하겠는가? 그런 까닭에 지금 우리나라의 급무는 국민의 지식과 문견을 넓히며, 도덕과 신의를 가르치며, 애국심을 기르는 데 있으나. 정부가 이렇게 더럽고 썩었으니 나라를 위하여 무슨 장대한 포부와 계획道略이 있으랴(일기/1889/03/30)?

김명구의 지적대로, 주로 서양의 물질문명적인 위력 쪽에 주목하던 김옥균 등 갑신개화파 동료들과 달리, 윤치호는 서구문명의 정신적인 근간에 대한 관심으로부터 '사내다운 기상', 다시 말해 그 사회의 전반적 기풍이라는 문제에 지속적인 관심을 보였다(김명구 2015: 45-81). 윤치호가 볼 때 가난과 속박,

전제적 통치와 유교라는 "폭정의 체계"하에서 정신적으로 거세되다시피 한 조선의 백성들은, 외세의 간섭을 부끄러이 여겨 떨쳐 일어나기는커녕, 목숨과 재산만 지켜준다면 "러시아인, 일본인, 또는 남아프리카의 미개인 종"이라 할지라도 기꺼이 주인으로 섬길 지경이었기 때문이었다. 따라서 사회 전체에 가득 찬 이와 같은 노예근성을 떨쳐내지 않고서는, 설령 "명목상의 독립"이 우연히 주어진다 한들 결코 지켜낼 수 없다는 것이 그의 일관된 지론이었다(일기/1897/11/11; 1889/04/25).

사실, 한 사회의 기풍과 문명 간의 관계에 대한 이같은 문제설정은, 당시 그만의 독특한 발상은 아니었다. 예를 들어 윤치호가 존경을 표했던 후쿠자와 유키치[2] 같은 경우, 문명은 밖으로 나타나는 사물과 안으로 깃드는 정신의 두 양상으로 구별된다고 지적한다. 그런데 문제는, 밖으로 드러나는 만큼 명확히 인식될 수 있는 전자에 비해 그렇지 않은 후자에 대해서는 지금까지 일본에서 거의 논의가 이루어지지 않았다는 데 있다는 것이다. 그렇다면 여기에서의 이 '정신'이란 무엇을 이름인가. "바로 인민의 기풍이다. 이 기풍은 팔 수도, 살 수도 없는 것이다. 또한 인위적으로 갑자기 만들어낼 수 있는 것도 아니다. [그렇지만 한 나라 인민 사이에 두루 침윤돼 있어 온 나라 사적을 통해 널리 드러내는]" 그런 것이다(福R 1959a: 20). 그렇지만 눈에 보이지 않는 탓에 이를 직접 논하는 것은 용이한 일이 아니다. 이에 그는, 아시아와 유럽 사이의 비교를 통해, 환경이나 제도, 학술 등과는 별도로 양 세계를 서로 다른

---

2) T.H.Yun. "To Dr. Young J. Allen" 1891 Dec. 20, 윤경남(역), 『국역 좌옹 윤치호서 한집』, (서울: 호산문화, 1995), p.79. 윤치호의 개화사상 형성에 미친 후쿠자와의 서양문명론, 그리고 당시 메이지 일본의 사회상의 영향에 대해서는 류충희, 「윤치호의 계몽사상과 기독교적 자유」, 『동방학지』171, 2015, p41를 참조할 것.

방향으로 향하게끔 하는 보다 근본적인 "일종의 무형물"적 근본 원인에 이를 수 있다고 주장한다. 후쿠자와는 이를 다음과 같이 묘사한다.

이를 형용하기란 지극히 어렵다. (중략) 여기 임시로 이름을 붙여보면 한 나라 인민의 기풍이라고 할 수 있을 테고, 때로 말하자면 이를 시세라 이름 붙일 수 있으며, 사람으로 말하자면 인심이라 이름붙일 수 있다. 또 나라로 말하자면 국론이라 명명할 수 있다. 이른바 문명의 정신이라 함은 곧 이것이라(福)(Ra: 20).

서양 문명을 취한다 함은 다름 아닌 이 문명의 정신을 갖추는 것을 급무로 해야 할 터이다. 그런데 전국 인민의 기풍을 송두리째 바꾼다는 것은 문물이나 제도 등, 사물의 개혁보다 훨씬 힘든 일이다. 이는 단숨에 달성할 수 있는 것도 아니고, 정부 명령이나 종교적인 가르침에 의해서도 불가능하다. 유일한 방법은 "인민들이 지덕을 스스로 기르게끔 하여 스스로의 식견을 고상한 영역으로 나아가게끔 하는 데 있을 따름"이다.

후쿠자와는 지적한다. 서양에도 지극히 어리석은 사람이 있고, 동양에도 지극히 뛰어난 인사가 물론 존재할 터이다. 하지만 서양의 저 어리석은 이가 문명한 사회 속에서 함부로 날뛸 수 없는 것처럼, 동양의 저 걸출한 이도 자기 나라가 채 개화되지 못한 덕분에 그 사회에서 스스로의 뛰어난 지와 덕을 충분히 발휘할 수 없지 않던가. 이는 그 한 사람의 지혜롭고 어리석은 데서 비롯되는 것이 아니라, 그 나라 전체에서 행해지고 있는 기풍에 제어되는 탓이라는 것이다(福)(Ra: 51).

그렇다면 문명국인 서양 여러 나라의 기풍은 어떠할까. 그가 보기에 저들은, 영국인의 경우에서 단적으로 드러나듯 "내실 있는 실업을 행하는데 활발하고, 또한 [일을] 활발하게 진취, 감행하는 기력이 풍부하다"(福R 1959b: 27). 하지만 이러한 활발함은 결코 천성적인 것도, 저들 서양인종에만 운명 지워진 것도 아니다. 이는 오히려 역사적으로 형성되어 온 것으로, 노력에 의해 양성될 수 있다. 관련해서 후쿠자와는 서양이 활발한 경지로, 문명의 경지로 상승해 간 과정을 이렇게 설명한다. 서양 여러 나라는 일찍부터 항해술을 연구해, 오랜 세월에 걸쳐 온갖 곳에 진출하기를 계속해 왔다. 그리하여 풍속이 상이한 땅에서 언어도 통하지 않는 사람들과 교류하며 심신을 절차탁마하고, 견문을 넓힌 끝에 "활발하고 진취적인 기풍"을 양성하기에 이르렀다는 것이다(福Rb: 6). 그런데, 이에 비해 일본이나 아시아의 경우는 어떠했던가. 후쿠자와는 정반대의 과정을 걸어왔다고 지적한다. 본래 동양에도 그 품행을 스스로 "영민하고 활발"하게 해 "나서서 일을 감행하는 기력"이 넘치던 이들이 없었을 리 없건만, 전제에 속박되어 활발한 기개를 완전히 잃어버리고 "움질거리는 비굴함蠢爾卑屈의 극치"에 빠져들게 되었다는 것이다(福Ra: 40).

이는 곧 당대까지의 역사적 과정을 검토한 끝에 조선에 대해 윤치호가 내린 결론이기도 했다. 그는 유교와 전제주의가 맷돌의 "윗돌과 아랫돌"이 된 지라, 조선에서는 사람을 짐승(the brute)보다 낫게 만들어주는 모든 정신적인 덕목(quality)들이 그 사이에서 갈려 소진되었다고 보았다. 덕분에 오늘날 조선은 야만인들이 갖는 기질상의 미덕, 즉 "용기와 호전적 진취성"조차 결여된 단점만 남은 야만 상태로 전락해 버렸다는 것이다(일기/1894/11/01). 따라서 "인민의 기상"을, 저들의 기력을 회복시키는 일이야말로 조선의 회생을 위한 급무 중의 급무라 결론짓는다(일기/1889/03/30).

서양과 일본은 어떻게 "아시아적 죽음"으로부터 구제받았나?

하지만, 대체 어떤 방법으로 이를 회복해 내면 좋다는 말인가.

청일전쟁 당시 중국유학 시절의 은사였던 알렌 박사에게 그가 수학했던 중서학원의 광고 문구를 부탁받은 윤치호는, 사실 중국유학을 탐탁히 여기지 않는다며 문명국으로부터 진짜 배워야 할 바가 무엇인지를 『일기』에 다음과 같이 제시한다.

나는 조선의 젊은이가 샹하이 내지 중국의 어느 다른 곳으로 공부하러 오는 데 반대한다. A.B.C.D.를 아는 것이 조선인에게 필요한 전부가 아니다. 오히려 조선인에게는 그들의 기력(energy)를 자극해 애국적 행동을 이끌어 낼 강력한 영향력이 필요하다. 그런 영향력은 일본에서 찾을 수 있고, 또 찾고 있다. 그런데 그런 일은 상하이나 중국의 다른 지역에서는 결코 불가능하다. 기독교화 다음으로 조선에게 가장 위대한 축복은 일본화하는 일이다 (일기/1894 /11/27).

실은, 여기서 언급된 '기독교화'와 '일본화'야말로 이후 식민지 시대에 이르기까지 그의 문명화 방책의 주요 골자에 다름아니었다. 그렇다면 이 중에서도 특히, 표현 그 자체만으로도 이미 오해의 소지가 다분해 보이는 저 '일본화'란 무엇을 의미하는가. 『일기』에서의 용례를 검토해 보면, 예를 들어 청일전쟁 시 경복궁 점령 이래, 사실상 조선의 내정을 장악하게 된 상황에서 이노우에 가오루井上馨가 일본의 전권공사 직으로 부임한 데 대해, 세간에서 조선반도를 "일본화"하기 위해 온다는 소문을 기록한 대목에서 동일한 표현을 찾을 수 있다(일기/1894/10/30). 이 경우, 곧이어 윤치호가 조선의 썩은 정부와 무기력한 백성에게 일본의 정복을 막을 수 있는 건 아무것도 없다고 기록하고 있는 데서, 문자 그대로 일본의 지배를 의미하는 것처럼 보이기도 한다. 하지만 이를 앞서 인용한 일본 유학의 권유 관련 대목에 적용시키자니 뜻이 잘 통하지 않는다. 애국심을 고양 시킬 감화를 강조하면서 일본의 지배 내지는 식민지화를 찬양했다고 보기에는 아무래도 무리가 따르기 때문이다.

　　윤치호에게서 애국심과 저 일본화가 어떻게 연결되는지를 파악하기 위해서는 청일전쟁 발발을 계기로『일기』에 본격적으로 등장하기 시작하는 그의 기력(energy)론적 발상부터 살펴볼 필요가 있다. 예를 들어 일본군의 인천 상륙 이후 국제적으로 급격히 긴장이 고조되던 시점에서, 다가오는 청나라와의 전쟁을 "멋진 일"이라 평하고 있는 다음과 같은 대목을 보자.

　　나는 조선 사람들이 정부의 탄생 이래 오로지 전쟁만 알고, 전쟁만 사랑하고, 전쟁만 치렀더라면 어땠을까 생각한다. 그랬다면 조선의 상황은 현재보다 훨씬 더 바람직했을 것이다. 평화란, 진실하고 정의로운 원칙 위에 기초한 경우라면 좋은 것이다. 그러나 지배자의 학정과 피지배자의 노예근성에 의해 유지되는 경우라면, 그러한 평화는, 그러니까 저 오랜 불명예스러운 세월에 걸쳐 조선과 중국을 먹먹하게 하여 잠자게 만든 종류의 평화인 비겁함, 반역 행위, 속임, 나약함, 타락은, 실로 조선을 뚜렷이 지옥(Hades)으로

만든 모든 악의 근원이다(일기/1894 /06/20)

갑신정변 이래 그토록 일관되게 폭력을 혐오하던 윤치호의 성향을 고려해 볼 때 이런 상찬은 지극히 흥미로운 대목이라 할 수 있다. 무엇이 그를 이토록 흥분시켰던 것일까. 그가 보기에 당시 소위 위축되다 못해 "여성화"되어버리기까지 한 조선이나 중국 같은 半개화국들을 저 무기력으로부터 일깨우는 데는, 저들을 다시금 "사내답고 애국적인 정신"으로 되돌리는 데는 전쟁만큼 유효한 것이 없다고 확신했기 때문이다(Towonsend 1903: 310). 어째서냐면 그는 일본을 보라고 외친다. "일본은 행복하다!" 왜냐하면 "봉건적인 경쟁과 칼" 덕분에 "작은 중국"이 되는 불행에서 벗어날 수 있었기 때문이다(일기/1900/12/14). 그리고 이로부터, 부시도의 "기사도와 같은 명예심"과 과감한 용기가 오랜 봉건시대를 통해 간직되고 성숙해 온지라 30년도 채 안 되는 짧은 기간 만에 저토록 놀라운 성취를 이룰 수 있었다고 탄식한다(일기/1896/12/28).

요컨대 윤치호는, 이상과 같은 일본 상에 입각해, 저들의 능동적이고 남성적인 '기력'과 그로부터의 "제 나라에 대한 명예심"을 습득하자는 의미로서 '일본화'란 용어를 썼던 것으로 보인다. 사실 이런 식의 일본 이미지, 혹은 그에 기초한 기력에 대한 강조는 그 어느 쪽도 딱히 윤치호만의 독창적인 발상은 아니었다. 일본에 대한 평가로서 저들의 그토록 두드러진 '애국심' 및 군사적 덕목 같은 것은 19세기 후반 이래 이미 국제적으로 널리 회자 되고 또 칭송받던 바였던 것이다. 또한 남성성과 결부된 기력 쪽 역시, 기존의 문명론적 상식과 배치될 터인 "원시적 남성다움"이 강조될 만큼 그런 "新스파르타적 남성성의 이상(neo-Spartan ideal of masculinity)"은 당시 특히 영미권을 중심으로 영미사회 전 분야에서 지배적인 정서로 부상했던 바이기도 했다 (Mangan and Walvin 1987: 2).

이에 따라 다음과 같은 그 즈음의 어느 신문 기사에서도 단적으로 드러나 듯, 윤치호의 앞서와 같은 발상은 오히려 당시로서는 통념에 가까웠다고 할 수 있다.

> Bushido는… 이기심에는 자기희생을, 사욕 대신 국가적 이익을 돌보려는 이상을 마련해 준다. …이는 권위에 복종하도록, 공공의 복리를 위해…개개 의 사적인 이해관계를 희생토록 가르친다. Bushido는 일반인이든 전사든, 남자든 여자든, 평시든 전시든, 엄격한 정신적, 육체적 수양을 요구하고 있 다. 이를 통해 상무정신을 길러내고, 용기와 안정감, 불굴의 정신과 신실함, 감위와 자기절제를 북돋아 고양된 도덕적 원칙을 제공하는 것이다(Evening Post, 17 Dec. 1904).

다시 말해 윤치호의 방책은, 이 같은 당시의 시대적인 정서를 충실하게 조합시킨 그런 해법이었던 셈이다. 사실, 러일전쟁 즈음에는 저 영국마저 스스로와 "거의" 맞먹는다고 인정하지 않을 수 없을 만큼 빠르게 존재감을 드러내던 일본은, 그럴수록 서구와 非서구의 근본적 차이를 강조하던 기왕의 문명론적 틀로서는 제대로 설명해 낼 수 없는 문젯거리에 다름 아니기도 했다 (Alton 1907: 8; Holmes and Ion 1980: 312). 이에 따라 저 "작은 일본 녀석들"의 문명화가 과연 교사로서 서양 쪽 가르침이 훌륭했던 덕분인지, 반대로 생도로서 일본

쪽의 태도나 자질이 우수해서였는지를 놓고 국제적으로 논쟁이 일고 있던 와중에서, 非서구 측의 가능성을 희구하던 윤치호에게 소위 Bushido 담론은 지극히 매력적인 방편으로 다가왔을 터였다(Lynch 1901: 302; 일기/1894/09/27).

　이러한 전제 위에서 윤치호는 일본이 조선의 문명화를 위한 최적의 모델이라 판단했던 것이다. 하지만 문제는, 그런 "Yamato Tamashi(大和魂 · 일본정신)"의 문명국 일본이, "이것이 일본이 북치고 깃발 날리며 조선에 도입하려 했던 개혁과 문명의 꽃이란 말인가?" 즉, 동시에 바로 그런 멋진 구호가 무색하게도 조선에 대한 온갖 착취와 불법을 국가적 차원에서 정당화하곤 하는 "hido-damashi(非道魂)"의, 무도한 열강으로서의 일본이기도 했다는 데 있다(일기/1894/11/17; 1900/12/31). 사실 앞서 언급한 그의 일견 모순되어 보이기까지 하는 일본에 대한 포폄의 교착은, 조선인으로서 저 두 일본 사이의 간극을 어찌 해소하면 좋을지 그가 안고 있던 고뇌의 깊이를 여실히 보여준다. "나는 원초적 편견으로 가득 찬 저 문명국 사람들의 실태와, 지극한 고상함으로 가득 차 있되 결코 실현될 수 없는 보편성 사이의 완벽한 모순을 비난하노라" (일기/1890/02/14). 그리고 이런 고민은, 실은 비단 일본에 대해서만 국한된 것이 아니었다. 미국에 대해, 문명국 전반에 대해, 나아가 궁극적으로는 기독교적 절대자에 이르기까지, 그가 『일기』에 "의문"이라 명명한 절박한 물음의 형태로 끊임없이 반복되어 나타나던 바였다.

　하지만 이런 고심과는 별도로, 그는 방법론적 측면에서는 어찌 됐든 "사내다운 기상"의 회복이야말로 문명화를 위한 최선의 방편이라 확신하고 있었다. 다만 이때 한 가지 주의할 점은, 앞서 전쟁만을 사랑했으면 좋겠다는 그의 호전적인 표현이 어떤 실제 물리적 폭력을 지지하거나 권장한 것이 아니라는 데 있다. 비록 일반론으로서 "강력하고 전반적인 혁명"의 필요성에 대해 언급한 적도 있지만, 독립협회의 해산 및 만민공동회의 개최를 둘러싼 1898년 즈음의 정치적 위기에서 실제로 물리력을 행사하는 데 일관되게 반대했듯, 그는 기본적으로 "질서정연한 거사"를 강조했지 폭력 그 자체를 선호하거나 하진 않았다(일기/1889/12/14). 오히려 그가 관심을 두었던 것은 호전성 배후에 자리 잡은, J.토시가 "단호한 행동에서 드러나는 기력이자, 특히 의지력을 약화시키는 취향이나 욕구에 대한 억제로서의 자기조절"이라 요약한 적극적 기질, 즉 도덕적이고 정신적인 '품성' 쪽이었던 것이다. 실제로 그는『일기』 중 멕시코의 정복자 코르테스를 두고, '정복지' 그 자체보다 그의 용기, 그의 인내력이야말로 겁쟁이들을 꾸짖으며 연약하게 용기를 잃게 하는 이 시대를 가로질러 여전히 살아있기에 더 가치가 있다고 단언했던 것이다(일기/1894/04/22).

상대우열적 논법의 종착역

남 밑에서 '약자'로서 취해야 할 바람직한 처신이란

문명국의 관리 감독을 받아서라도 문명화를 이루려 염원하던 윤치호의 입장에서, 제국 일본에 의한 식민지화는 어떻게 위치 지어졌을까. 3·1독립운동 시 자신이 어떤 까닭에서 독립시위에 반대하는지를 공공연히 밝힘으로써 엄청난 사회적 물의를 빚게 된 이하의 신문 인터뷰는, 이를 읽어낼 수 있는 귀중한 단서를 제공해 준다.

> 가령 조선이 독립할 수 있다고 하더라도 제힘으로냐 남의 힘에 의해서냐, 어느 쪽인지가 문제가 됩니다. 오늘날 조선이 자립할 수 있냐 없냐에 대해서는 누구 눈에도 분명할 터이니 자립은 도저히 불가능하지요. 그렇다면 남의 힘에 의지하기로 한다면 연합 측 다섯 대국…중 어느 나라가 우리 후견인으로서 줄 지가 [중요할 터입니다.] (중략) 결국 일본 외에 달리 조선과 제휴할 나라는 없습니다. (중략) 약자는 항상 순종적으로 굴어야 강자에게 애호심을 일으켜 평화의 기초를 닦을 수 있습니다. (중략) 그저 함부로 불온한 행동을 마구 내지르는 것은 득책이 될 수 없습니다(경성일보/1919/03/07).

그는 연행돼 가는 조선 청년들을 목도하며 눈물을 흘리기도 했으나, 동시에 그들이 "바보 같은" 행동을 범했다며 비난을 퍼부었다. 윤치호가 보기에 이는 세 가지 이유에서 어리석었다. 첫째, 이전 왕조 시절의 참상과 비교할 때 오늘날 일본에 의한 통치가 조선을 악화시켰다고는 그 누구도 납득하지 않으리라는 점. 둘째, 아메리카나 영국 등의 여타 열강이 이 작디작은 조선을 위해 일본과 싸워줄 리 만무하다는 점. 셋째, 독립을 위해 제 스스로 투쟁하지 않고서도 정치적 독립을 성취해 낸 민족이나 국가는 역사상 존재한 적이 없다는 점(일기/1919/01/29).

세 번째로 내건 이유에서처럼 투쟁의 중요성에 대해 강조하면서도, 정작 독립시위에 대해서는 반대하는 그의 태도는 일견 모순되게 보인다. 실제로 윤치호도, 시위 때 조선 사람들이 보인 "용기" 그 자체에 대해서는, 다섯 세기에 걸친 조선 왕조의 압제 하에서 완전히 말살되었다며 탄식했던 "호전적 덕성"이 여기서 마침내 깨어났다며 높은 평가를 내렸다(일기/1919/05/31; 1919/02/20). 그러나 문제는, 그 방향과 방법이 전혀 잘못되었다는 데 있다. 물론 하늘은 스스로 돕는 자를 돕는 법이다. 하지만, 그렇다고 잘못된 방식으로 헤매는 사람들까지 구해주진 않는다는 것이었다. 일각에서는 당시 체코슬로바키아의 지도자인 T. 마사릭(T.G.Masaryk · 1850~1937)이 미국에 교묘하게 잘 호소하여 독립을 얻어냈다고들 하는데, 이는 사물의 한 측면만을 본 것으로, 만일 제1차 세계대전이라는 미증유의 "기회"가 없었더라면, 그리고 무엇보다도 이 같은 국제정세를 충분히 이용할 수 있을 만큼의 "역량"이 갖춰져 있지 않았더라면 결코 가능하지 않았으리라는 것이었다(일기/1919/12/20).

그에 비해 오늘날 조선은 어떠한가? 일반인은 말할 것도 없고,「독립선언서」를 기초한 최남선 같은 당대의 명사들마저 파리 강화회의에 일본의 통치가 바람직하지 않다고 알리면 곧바로 독립이 주어지기라도 할 것처럼 믿고 있다. 당연히 그렇게 될 리는 만무하다. 오히려 일본을 자극시키면 시킬수록 세계대전 후 전성기를 맞이하게 된 저들에게 조선을 보다 확실하게 통제할 수 있게끔 명분을 주는 꼴이 되어 '무단통치'를 연장시키게 될 뿐이라 지적한다. 오히려 조선의 입장에서 배워야 할 사례는, 대전시 영국에 협력해 그들의 호감과 공감을 얻어낸 인도라는 것이었다(일기/1919/01/16). 약소민족이 강한 민족과 함께 살아가는 수밖에 없을 경우, 약소민족은 스스로를 지키기 위해 강한 민족의 호의를 사지 않으면 안 되는 법인데, 하물며 조선의 미래를 위해 일본이 "모범적 모델"인 이상, 그저 증오만 하느니보다 차라리 제대로 배워 우리 자신의 지적, 경제적 수준을 저들과 대등하게끔 끌어올리는 편이 낫다고 윤치호는 거듭해 강조하곤 했다(일기/1919/03/02; 1920/04/17).

이런 그의 판단이 식민지화 이후 비로소 시작된 것이 아니라는 데 주의할 필요가 있다. 그는 3·1독립운동 때와 마찬가지로, 실은 조선을 보호국화한 1905년의 제2차 한일협약(을사조약)때도 조약의 취소를 호소하기 위해 열린 항의집회에의 집요한 참여권유를 끝내 거절한 바 있다. 보호국화는 물론 "부끄러워할 상황"이고, 따라서 그에 반대해 국권수호를 외치는 시위의 대의 그 자체에는 윤치호도 동의했다. 하지만 그렇다고 과연 일본이 러일전쟁을 통해 20만명의 생령과 수억 엔의 막대한 군자금을 희생해가며 쟁취한 조선에 대한 권리를 "몇 장의 공허한 호소문" 때문에 방기할 리는 만무하다는 판단에 서였다. 조선 사람들은 이처럼 독립이라 하는 대의를 위해 어찌 헌신하면 좋을지 아직도 제대로 이해하지 못하고 있다고 비판하면서 윤치호는 이렇게 지적했다.

그들은 지금 매우 흥분해 있는 상태라 말려도 듣지 않으리라. 제대로 된 정부를 만들 수 있는 민족만이 독립할 수 있다는 냉엄한 사실 앞에서, 그들도 조만간 제 정신을 되찾을 터이다. (중략) 강력하고 분별 있는 정부를 갖지 못한 채 펼치는 외교라는 건 혼이 빠진 육체나 다를 바 없다는 아주 단순한 이유에서, 교묘한 외교만으로 독립은 유지할 수 없다는 사실을 조선 사람들에게 납득시킨다는 것이 거의 불가능하다는 걸 깨달았다. 조선 사람들은… 타인의 호의에 의존해 사는 데 너무나 익숙해져 있어, 다른 나라의 호의에 의해 자국의 독립을 유지하려 절실하게 바라고 있다(일기/1905/11/27).

현재 조선인들이 여기는 대로, 보호국화 조약이 무력에 의한 늑약이었음을 각국에 알린다 한들 과연 열강 사이에서 "정당한 분노"가 일어나 일본을 압박하려 할까. 저들은 언제나 "정말 손가락 하나 까딱치 않았다." 따라서 일본에 대한 봉기나 저항 같은 것은 아무짝에도 쓸모가 없다는 것이었다. 또한 사람들은 보호국이 되면 현재보다 상황이 악화되리라 착각하는 것 같은데, 좋아지지도 나빠지지도 않을 것이라 윤치호는 단언했다. 왜냐하면 관세나 산업 등, 사실상 조선의 모든 것이 이미 일본에게 장악되어 있는 상태인지라 "명목상의 독립"이 유지되더라도 별반 의미가 없기 때문이다. 오히려 지금까지 조선 사람들에게 남용되어 온 탓에 거의 개발이 이뤄지지 않은 이 땅에 일본이 세운 교각 하나하나, 개척 및 개발 하나하나가 조선의 '진보'를 위해 도움이 되리라 그는 주장했다(일기/1905/12/17; 1905/07/06).

따라서 지금과 같은 참상을 불러온 장본인인 고종의 "유치하고도 은밀한 음모"는 말할 것도 없고, "천박한 선동가들"에게 관여할 생각도 없다고 그는 당시 대한제국에 외교고문으로 부임해 있던 D. 스티븐스(D. W. Stevens · 1851~1908)에게 고했다. 그리고 이렇게 덧붙였다. 식민지화라는 "이제부터 짊어지지 않으면 안 될 상황을 조선 사람들이 받아들여서, 최대한 이용해야 한다고 나는 믿고 있습니다"(일기/1905/02/1 2).

역사비관론적 현실주의의 늪

이 같은 주장은 3·1독립운동으로부터 20여년 후, 조선 기독교계의 여러 지도자들이 적극적 친일 협력 쪽으로 전향하게 되는 일대 계기가 되었던 1938년의 이른바 흥업구락부 탄압사건 시에도 마찬가지로 반복되었다. 윤치호는 독립 운운하는 그런 "얼토당토않은 이야기"에 찬동했던 사람들이 당시 얼마나 "어리석은 이"였던가, 또한 지금 와서도 여전히 말이 안 된다는 것을 지각 있는 조선인이라면 누구나 잘 알고 있다 단언한다. 그가 보기에 조선민족에게 유일한, 그리고 가능한 최선의 선택은 문명국의 관리감독 하로 들어가는 것 밖에 달리 없는데, 현재 조선에서 바로 일본이 그런 문명화의 교사 역할을 해주고 있지 않은가? 그렇다면 그들과 "하나가 되는 것"이 최선일 터라는 것이었다(일기/1938/09/06-07).

문명화와 독립에 대한 윤치호의 입장은 이처럼 식민지화 이전이든 이후든, 20년대 전후의 소극적 협력 시기에서든 30년대 후반 이후의 적극적 협력 시기에서든 거의 일관되게 유지되고 있음을 알 수 있다. 하지만 주의를 요하는 부분은, 식민지 당국과 적극적으로 협력하고 있던 것으로 보이던 그런 때에도 윤치호가 결코 독립 그 자체를 부정하거나 하지는 않았다는 점에 있다. 실제로 그는 3·1독립운동의 무용성에 대해서는 비난했을지언정, 동시에 다른 한편으로 제아무리 훌륭하다 한들 남의 저택에서 죽느니 차라리 다 찌그러진 자기 집에서 죽는 편을 택한 지인을 거론하면서, "개명된 일본정부 하에 들어가는 것을 조선인들은 기뻐해야 한다고 주장하는 사람들"은 자유와 독립에의 이와 같은 "뿌리 깊은 본성"에 유의하지 않으면 안 된다고 지적한다. 그는, 당시 일본 측이 독립 의지를 분쇄하기 위해 곧잘 늘어놓던 조선은 역사상 단 한 차례도 독립국이었던 적이 없다는 주장에 대해 강한 불쾌감을 표명했다. 사실관계 면에서도 조선은 과거 중화적 세계질서 하에서 충분히 "독립적"이었을 뿐 더러, 설령 일본의 지적이 맞다 한들 그래서 이제부터 조선이 결코 독립국이 되지 못할 터란 논리가 과연 말이 된다는 것인가(일기/1919/06/09)?

오히려 문명화되었다고 자랑하고 있는 일본정부야말로 식민지시대 이전부터 "영국과 미국이란 스승으로부터 배운 비열함"을 이용해, 조선에 야만적인 폭정을 펴고 있는 장본인이라 지적한다(일기/1905/10/16). 무엇보다 입으로는 '하나內鮮一體'라 외치면서도, 모든 면에서 실제로는 인종차별을 행하고 있지 않은가(일기/1934/10/18; 1919/03/29). 논의하는바, 계획하는 바가 하나같이 "어떻게 하면 일본인에게 이익을 가져다줄까, 어떻게 해야 일본인을 기쁘게 해줄까일 뿐"으로, 좀 산다는 지주조차 굶주릴 정도의 대기근이 닥쳐왔건만 여전히 조선으로부터 곡물을 반출해 가는데, 이것이 '일시동인一視同仁', 즉 조선인도 차별하지 않고 제국의 일원으로서 똑같이 보살피겠다던 구호의 실체인가 개탄한다. 요컨대 『일기』에 묘사된 식민당국의 조선 다루는 방식은 명백히 착취로서 그려지고 있다(일기/1939/03/11; 1939/02/08). 그런데 문제는, '그럼에도 불구하고' 윤치호가 일본의 식민 지배를 계속 긍정했다는 데 있다.

이런 일견 모순으로 밖에 비치지 않는 그의 '갈지자 행보蛇行'는, 어느 연구자의 표현대로 민족적 향상과 복리를 마음속으로 염원했으되 "역사비관론적 현실상황주의의 늪"에 빠져든 탓에 발생한 현상이라고 할 수 있다(유영렬:

284). 민족적인 이익을 확보할 수 있는 유일한 현실적 방책으로 식민당국과의 제휴의 길을 택했던 윤치호로서는, 거기에서 활로를 찾으려하면 할수록 더 깊숙이 친일협력 쪽으로 미끄러져 들어가게 되는, 그리하여 비판하면서도 협력하게 되는 모순에 빠져들어 갔다.

'이상적 영국'의 추락과 '이상적 일본'의 절대화

이처럼 저들 주장의 구조적 문제점을 정확하게 인식하고도 이에 맞서 싸우려 하기보다는, 오히려 그런 현실에 번롱되어 버린 우리 자신 쪽에 대한 자책으로 빠져들곤 한 특징적인 '전화' 덕분인지, 그에게서는 '차악'을 감수하려는 타협적인 성향이 두드러졌다(일기/1934/06/18; 1921/05/26). 하지만 식민지화 후 이런 "현실추수주의"적 태도가 진심어린 친일 협력 쪽으로 기울어진 데는 하나의 결정적인 계기가 있었으니, 바로 윤치호가 앵글로색슨족의 견디기 힘든 인종적 편견과 민족적 오만, 그리고 국가적인 침략으로부터 유색인종을 해방시키기 위한 "진정한 인종 간 전쟁"이라 열광한 태평양전쟁이었다(일기/1941/12/08-09).

사실, 그에게서 인종적 편견에 대한 체념 섞인 분노는 사상적 형성기라 할 수 있는 젊은 시절 미국에서의 유학 이래 윤치호의 정신세계를 이해하기 위한 핵심적인 요소이다. "전례가 없는 위대한 식민지 제국"을 창조해 냈다는 그의 감탄 어린 발언에서 단적으로 드러나듯, 그는 기본적으로 앵글로색슨족에 대해 찬사를 아끼지 않았다. 관련해서, 일부 연구자들은 윤치호가 인도 출신의 반영 혁명가이자 일본적 범아시아주의자이기도 했던 R. 보스

(R.B.Bose · 1886~1945)와의 만남을 통해, 특히 그가 보스의 저작으로 착각했던 J. 선더랜드(J.T.Sunderland · 1842~1936)의 『질곡의 인도』로부터 받은 충격을 계기로 반영주의로 돌아섰다고 주장하기도 하지만, 이는 다소 지나친 해석으로 보인다(水谷猛 2019: 87-8). 영국이 인도인들을 공정하고 우호적으로 대한다는 "이전 신념"이 모두 환상이었음을 깨닫게 되었다며, 결국 저들도 다른 정복자들이 행한 것만큼이나 나쁘다는 사실에 놀라움을 밝힌 것은 사실이다. 하지만 동시에 그렇게 적은 숫자의 군대로 그렇게 많은 인도인들을 효율적으로 통제해 낼 만큼 천재적인 지배능력을 가졌다는데 감탄을 표하는 등, 이후에도 그가 영국의 "위대성"을 찬양하는 대목이 곳곳에서 발견되기 때문이다. 오히려 그는, 정복지에서 영국이 이기적이고 불공정하게 군다고 하는 것은 그들도 여느 사람들이나 마찬가지로 똑같은 '인간'임을 의미할 따름이라고 여전히 강변할 정도였다. 따라서 남들과 다를 것 없이 인간 본성에 따라 행동하는 저들이 이 세상에서 벌이는 제국주의적 행태에 대해 비난할 이유 역시 없다는 것이었다(일기/1934/07/09; 1938/01/20).

이상을 고려할 때 중일전쟁이 발발하기 전까지 그의 영국에 대한 인식은, 기왕의 문명국으로서의 '이상'적 측면과 제국주의적 침탈자로서의 '현실'적인 측면 사이의 긴장감을 여전히 유지하고 있었던 것으로 보인다. 그런데 1939년 6월에 단행된 톈진의 영국조계에 대한 일본의 봉쇄조치를 기점으로, 그는 이전과는 전혀 상반된 태도를 보이기 시작한다. 반세기도 더 전에 처음 상하이에 발을 내딛었을 때 "개와 중국인은 출입을 금함"이란 공원 표찰을 목격하고 느꼈던 충격과 분노를 언급하면서, 조계의 봉쇄와 함께 중국인들

앞에서 검문검색을 받을 수밖에 없게 된 영국인이 지금까지 동양 인종에게 으스대어 온 죄에 대한 값을 치르게 되었다며 그는 환호했다(일기/1939/06/15). 그리고 이때로부터『일기』에서의 영국의 이미지는 완전히 부정적으로만 그려지게 된다.

"앵글로색슨족의 자만심과 봐주기 힘든 인종적 오만함"에 대한 지적이나 불만 그 자체는 그의『일기』에서 이미 자주 등장하던 바였다. 그런데 지금에 와서야 결정적으로 태도가 바뀌게 된 것은 어떤 이유에서였을까. 제2차 세계대전 전야에 그가 영국에 대해 남긴 다음과 같은 발언은, 윤치호의 예의 기력론이 이때에도 변함없이 작동하고 있었음을 드러내 보여준다.

> 신문을 보니, 영국이 이번 전쟁이 끝나면 인도에게 자치령의 지위를 부여하겠다고 약속했다고 한다. 하지만 이제 와서 누가 영국이 하는 말을 믿겠는가? 지난 세계대전 때도 영국은 인도에 똑같은 약속을 했다. …이 말을 믿은 인도는 영국을 도왔다. 하지만 전쟁이 끝나자 영국은 식언해 버렸다. 그러고는 아면높은 안리카로 하살로 하답했다. 영국은 쓸데없이 자존심만 세고 느리며, 무기력하다는 점에서 영락없는 '유럽의 중국'이다(일기/1939/06/15).

여기서 주목해 볼 부분은, 영국이 문명국으로서 마땅히 지켰어야 할 약속을 어겼다는 데 대한 비판 이상으로, 이제 영국을 그가 줄곧 '무기력'의 대명사로 경멸해 마지않던 '중국'에 비견 시키게 됐다는 점이다. 본래부터도 힘의 뒷받침이 되지 않은 정의는 의미가 없다고 여겨 온 그였지만, 제2차 세계대전의 발발과 함께 그렇지 않아도 강자의 정의가 횡행하던 세상이 이제는 아예

"원시 정글생활"로 퇴행했다며 '힘'의 중요성에 대해 더한층 강조하게 된 터였다(일기/1940/03/28). 그런데 윤치호가 볼 때 대전 초기 히틀러의 공세에서 보인 영국의 지리멸렬한 대처는, 저들이 바로 그 힘을 상실했음을 보이는 결정적인 증거에 다름 아니었다. 이에 따라 요컨대 그간 열강으로서의 범죄와 악행을 감수하도록 해주던 '이상의 영국' 상이 주저앉게 되자, 이제 윤치호는 강도였고 여전히 강도인, 그러면서 "민족적인 자부심"만 가득한 '현실의 영국'을 향해, 그간 억눌러 왔던 분노를 가감 없이 내뱉었던 것이다.

이와 동시에 동전의 반면처럼 그런 압제자로서의 현실의 영국을 몰아낸 일본에 대해서는, 한편으로 "천황 폐하가…아시게 되면, 결단코 이 같은 불법행위들을 두고 보진 않을 텐데"라며 '현실의 일본'의 압제와 착취에 대한 비판을 『일기』 곳곳에서 여전히 늘어놓으면서도, 동시에 그 너머로 일본을 유색인종 해방의 선도자라며 점점 더 이상화시켜 나가게 된다(일기/1943/01/01).

[홍콩의 영국군 사령관이 항복했다고 한다.] 이로써 동양에서 참기 힘든 인종적 편견과 거만함을 지녀왔던 영국 제국주의의 최후 거점이 무너졌다. 바라건대 영원히 무너졌으면 좋겠다. 일본은 동양에서 백인의 지배라는 주술을 풀었다는 점에서 모든 유색인종의 찬사를 받을 자격이 충분하다(일기/1941/12/26).

이로부터 『일기』 최후반부에 해당하는 1943년 무렵이 되면, 이제 윤치호는 '일본정신'을 "통일의 의지, 지배의 의지, 우월의 의지"로 규정한 오가와 슈메이(大川周明·1886~1957)같은 이의 견해에 적극적인 찬동 의사를 밝힐 만큼 자신이 이상화시킨 일본으로, 그 가치 쪽으로 빠져 들어가는 모습을 보여준다(大川周明 1939, 245). 흥미로운 것은 그가 여기에 한 가지만 더 덧붙이고 싶다며, 일본정신이란 "자기보다 약한 이웃들을 정복 및 종속하는 것을 인종적, 민족적 정책 내지는 목표로 삼는 모든 민족을 자극하고, 생명을 불어넣는 정신", 즉 정복과 지배의 정신이라 규정하고 있는 부분이다(일기/1943/02/20). 요컨대, 핵심은 여전히 기존의 일본화와 마찬가지로 기력에 다름 아니었다. 하지만, 예전에는 그저 당시 신생 일본의 활기 넘치는 국가적, 사회적 양상을 예시 삼아 그와 같이 활발한 기력을 갖춰 나가는 방편으로서의 활용에 일본화라 이름 붙였을 따름인데 비해, 이 때에 이르러서는 그가 이 일본화를 아예 일본정신, 즉 그가 절대화시킨, 그것도 실제 일본은 그와 거리가 멀다는 것을 되풀이 지적해 왔건만 존재하지도 않는 이상화된 '일본'화로 고정시키고 있음을 알 수 있다. 그 결과, 이때 이르러 그에게서의 일본화란, 이제까지의 상대로부터 그 장점을 배우자는 의미를 넘어서, "일본인의 품성이라고 하는 주형"으로 조선 사람들을 새로 주조해 낸다는, 그 자신이 부정했던 일체화의 자기모순으로 빠져 들게 되었던 것이다(일기/1943/01/11).

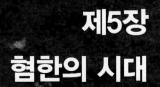

제5장
혐한의 시대
― '한국'이라는 방편의 부활

혐한의 시대

- '한국'이라는 방편의 부활

냉전의 종언은 동아시아에 무엇을 초래했는가?

'헤이세이 시대'라는 변곡점

舊소비에트가 무너진 직후 일본의 『문예춘추文芸春秋』의 주관으로 열린 어느 대담회에서, 한 패널은 이후 전개될 동아시아 내 역사 갈등의 전개 양상을 내다보기라도 한 듯 이렇게 발언한다.

양국 매스컴은…오로지 '과거사 청산'과 [위안부 문제관련] 보상에 대해서

● 이 장은 2021년에 간행된 「혐한 문제」 (『아시아 지식(인) 네트워크 구축을 위한 토대연구』 경제·인문사회연구회, 2021, pp.134-153)를 수정·보완한 글입니다.

만 말할 뿐, 냉전이 끝난 뒤 일한관계라고 하는 중요 테마에 대해서는 전혀 돌아보지 않고 있습니다. 오히려 거듭된 한국의 '사죄 요구'에 일본이 '사죄'를 되풀이하다 보니 일본인의 반한, 혐한감정만 늘어갈 따름입니다. (중략) [그런데 이처럼] 비틀린 관계를 수정하기 위해 논설을 펴는 게 아니라 도리어 부채질하는 것이 일한양국의 신문이다 보니, 그 죄가 크다 하지 않을 수 없습니다. (중략) 일본 정치가들은 그저 마찰이라도 일까 두려워서 언 발에 오줌 누기 식으로 그때만 넘기면 된다고 여길 따름이에요. (중략) 지금 [일본] 국민들 사이에서는 크나큰 불만이 일고 있습니다(田中明외 1992).

여기에서 문제를 부추기는 원흉처럼 지목된 두 나라 매스컴의 영향은, 이후 한일 사이의 갈등 양상에서 도드라지는 소위 '반향효과'의 측면에서 물론 주목할 필요가 있다(노윤선 2019: 133-4). 하지만, 그렇다고 해도 이는 해당 문제의 궁극적인 원인이라기보다는 오히려 이미 새어 나오던 불협화음을 보다 시끄럽게 들리게끔 만드는 데 일조했다고 보는 편이 더 합당할 것이다. 잘 알려진 것처럼 80년대 초반의 이른바 "일본 교과서 왜곡사태"[1]를 둘러싼 마찰을 비롯해, 과거사 문제를 둘러싼 갈등 그 자체는 한국과도, 중국과도 냉전이 종식되기 전부터 이미 존재해온 바였다. 하지만 이때까지는 특히 한일 간의 역사갈등의 경우, 냉전구도 하에서 공산권에 대한 자유진영 내 연대의 필요성이라는 명분이 최우선시되고 있던 탓에, 비록 국내 차원에서는 논란거리가 될지언정 양국 관계의 전면에까지는 부각 되지 않게끔 보류될 수 있었던 것이다(야스다 2019: 167-8).

---

1) 『한국일보』, 1982. 07/22. 「두 얼굴 드러낸 日 교과서 歪曲」

그런데 냉전의 종언이라는 세계사적 격변을 배경으로, 이에 따라 각 나라마다 벌어지게 된 국내적 환경변화와 함께, 역내 상호관계는 새로운 전기를 맞이하게 된다. 이는 한일관계에서도 마찬가지였으니, 한국의 민주화는 일본에게 그저 지금까지의 '반공 파트너'의 상실로서만 그치지 않았다. 앞서 '보류'라는 표현을 썼지만, 사실 엄밀하게 말하자면 이는 기왕의 식민지적인 종속구조를 소위 "냉전 동맹" 하에서의 정치·경제적 조력 관계로 이름만 바꿔 온존시켜 온 데 다름 아니었던 것이다(김성민 2019: 35-6). 이 점에서 냉전의 종식 후 민주화된 한국 측에서, 이전과는 달리 민간 영역에서뿐 아니라 정부 차원에서도 식민지배 청산을 전면적으로 제기하고 나선 것은, 요컨대 일본과의 관계 틀을 이제 근본에서부터 재검토하겠다는 의미였다. 그리고 이후 헤이세이 30년(1989-2019)이라는 일대 전환기[2]를 거치면서, 일본에게 한국은, 예전 같으면 상상하기 어려울 바로 곁의 '경쟁자'로서 새로이 자리매김되기에 이른 것이다.

이 같은 지역 내 역학관계의 변화와 그로 인한 충격은 비단 한일관계에만 국한되지 않았다. 특히 對중국 관계의 경우, 중국이 동아시아 정세의 핵심 축으로 부상함에 따라 지금까지 일본이 누려오던 지역적 패권을 직접적으로

---

2) 이 글에서 '헤이세이 시대'를 현대 일본정치사 상의 일대 모멘텀으로 잡은 것은, 특정한 일왕의 재위가 그 자체로서 어떤 함의를 갖는다는 의미에서가 아니다. 일본사회가 냉전의 종언에서 글로벌화로 이행해 가던 "세계사적 격동의 시대"를 맞이하게 되던 하필 그때 그 시점에서 일왕이 바뀌게 된 것은 물론 하나의 우연에 불과할 터이다. 하지만 그런 우연성에도 불구하고, 1989년에서 2019년 사이의 해당 시기 중 일본사회가 이전의 고도성장기 때와 전혀 다른 국면으로 변화하게 되었다는 데 대해서는 이론의 여지가 없다고 할 수 있다. 이 점에서, 이하 헤이세이 시대라 칭한 것은 주된 분석 대상으로서 해당 이행기를 여타 시기와 구분하기 위해 붙인 '이름'으로서만 사용하고 있음을 밝힌다.

위협하게 된 만큼, 더 한층 심각한 갈등에 직면하게 되었다. 사실, 對한국 관계에서와 유사하게 중일 양국 사이에도 물론 역사 갈등 및 영토분쟁이 줄곧 있어왔지만, 냉전 중에는 舊소련에 대한 공통의 경계심을 매개로 본격적인 문젯거리로까지 도드라지는 경우는 드물었다. 하지만 소련의 붕괴 후 양국 국가 정책상의 우선순위가 바뀌어 감에 따라, 그로부터의 쟁점들을 둘러싼 두 나라 사이의 마찰은 갈수록 격화되기에 이른다. 그리고 한동안은 정치적인 갈등보다는 경제적 협력관계 상의 상호이익을 앞세운 소위 '정치는 차가워도 경제는 뜨겁다經熱政冷'는 밀월이 지속됐으나, 점점 더 뚜렷해져만 간 양국 사이의 경제성장의 격차는 결국 정치적인 경색을 촉발시키게 되었다(글

로서먼 2020: 155).

　　헤이세이 시대, 즉 냉전의 종언 이후 글로벌화로 향해가는 세계사적 변동기에 접어들면서 일본사회 전반에 두드러지게 된 혐한 내지는 혐중이라는 현상은, 요컨대 앞서 살펴본 동아시아 내 역학 구도의 급변속에서 상대적으로 축소되어 가는 일본의 위상에 대한 대중적인 위기의식의 한 양태라 할 수 있다. 관련해서 요시미 순야는 전환기의 일본이 처한 이 같은 복합적인 위기상황에 대해 다음과 같이 묘사한다.

　　일본이 가장 괴로운 것은 이 중간 시대, 즉 아시아는 아직 발전을 지속하고 있는데 일본에선 하이퍼 소자녀超小子화와 고령화, 인구 감소가 지속되는 향후 사반세기이다. (중략) 격차사회는 지금 와선 계급사회화의 양상을 보이고, 세대 간 모순도 확대되어 간다. (중략) 일본은 점점 늙어가는 사회가 되고...동아시아 안에선 발전을 계속하는 중국에 밀려날 처지가 된다. 이런

가운데 한편으로 헤이세이 시대에 대두한 혐중적 내셔널리즘이 갈수록 강해질지 모른다. (중략) 경제적 침체 타개를 위해 신자유주의적인 정책이 더더욱 취해지고, 감세 조치와 규제완화로 공공영역은 점점 더 축소되어 일시적으로야 경제가 부양되더라도 격차는 확대되는 만큼 사회 전체의 열화는 멈추지 않는다(요시미 2020: 304).

이에 따르면 이른바 '잃어버린 30년'이란, 지금에 와서는 '잃어버린 반세기'의 서곡이 될 공산이 크다고 지적한다. 요컨대, '헤이세이'란 글로벌화와 넷사회화, 소자녀 고령화의 시대적인 변화를 일본사회가 결국 넘어서지 못한 채 좌절해 버린 시대였다는 것이다(요시미: 37).

버블경제의 붕괴 이래 2012년의 3.11 사태에 이르기까지 뭇 쇼크들이 연이어 터져 나오는 가운데, 잃어버린 시간이라는 표현으로 상징되는 "붕괴감각"이 일종의 시대정신처럼 사회 전반으로 확산되어 온 만큼, 이러한 전환기적 위기를 극복해 보려는 노력 역시 일본에서 다양한 각도에서 경주되어 온 것이 사실이다. 그리하여 일각에서는 21세기로의 전환기 때 시도된 갖가지 노력을 두고, 일본 근·현대사상 예외적으로 '돌출된 시대'였다고 평할 정도였다(小倉 2005: 105-6). 예를 들어 자민당 장기집권의 폐해에 대한 대중적인 문제의식에 힘입어 등장했던 민주당 정권이, 3·11사태 후 당시 일본에 요구되는 근본적인 개혁의 필요성과 그 방향에 대해 내놓았던「재생전략」은 그런 절박함을 단적으로 드러내 보여준다. 이에 따르면 일본의 현주소는 이같이 정의된다. 일본이 세계 유수의 경제력을 자랑하던 시절, 아시아 내 유일의 선진국으로 인정받던 시절은 이미 오래전에 막을 내렸노라고.[3] 뿐만 아니라

세계 어느 나라보다 심각한 초고령 사회로의 이행에서 드러나듯, 기왕의 GDP를 배중시키는 식의 '양적 성장'은 일본에서 이를 가능케 할 토대 그 자체가 무너지고 있는 형편이란 것이었다.

이로부터, 기왕의 양적 성장 대신 비록 지표화하기는 어렵지만 '인연緣'이나 '유대絆'처럼 일본 특유의 사회문화적 가치에 입각한 질적 성장으로의 전환을 꾀했던 민주당의 '공동창조 국가共創の国 구상'은, 곧 이은 자민당의 재집권과 함께 아베노믹스라는 또 다른 방향에서의 개혁구상으로 대체, 폐기되었다. 이후 아베 정권은 전후 일본사상 최장기 집권을 이뤄내는 데 성공했고, 이후 헤이세이 시대가 막을 내린 후에도 자민당의 집권은 계속되고 있다. 그렇다면 이번의 새로운 처방으로 그간 어지러이 전개되어 온 일본에서의 숱한 개혁론 러시에 마침내 종지부를 찍게 될 것인가? 하지만 자민당發 해당 정책의 공과를 어떻게 평가할지는 여전히 논쟁적인 주제로 남아 있는 형편이다.

글로서먼은 개개 정책에 대한 세부적인 평가와는 별도로, 그간 일본의 전반적인 정치개혁 상의 지지부진한 양상에 대해 이렇게 코멘트한다.

> [뭔가] 행동에 나서야 한다는…갈수록 매서워지는 목소리에도 아랑곳없이 진전이 없다는 사실이 현대 일본의 가장 큰 수수께끼다. 국가적인 목표를 실현하기 위해 대중을 엄청나게 동원한 적도 있고 성공을 거둔 전력도 있는 나라가 대체 왜 외부 위협이 증가하고 있는데도 국내적인 침체를 해소하지

---

3) 国家戦略室「日本再生戦略 ~フロンティアを拓き、「共創の国」へ~(平成24年7月31日 閣議決定)」p.1 (https://www.cas.go.jp/jp/seisaku/npu/ 2021.08.31.검색)

못하는가? 이런 무기력은 정책결정자들이 문제를 해결하기 위해 대중을 동원할 수 있었던 최근 발생한 일련의 대내외적 충격들을 감안하면 납득이 가질 않는다(글로서먼 2020: 302).

과연 어째서일까? 관련해서 갖가지 요인들이 거론되고 있지만, 그중 특히 주목해 볼 부분은 사회문화적 차원에서의 "국가적인 자부심"이라는 문제이다(이면우 2004: 21; 글로서먼: 94-96). 장기불황으로 인해 깊어만 가는 아래로부터의 경제적 위기의식, 그리고 위기에 처한 일본을 더한층 위태롭게 내모는 새로운 경쟁자로서 한국과 중국이라는 역내 주변국들의 부상에 대한 대중적인 반감이 맞물리면서, 우경화와 혐한 · 혐중으로 특징지어지는 오늘날 일본의 정치 지형이 등장하게 되었기 때문이다.

'보류'된 문제를 꺼내 든다는 것

이 같은 변화 속에서, 기존의 위로부터의 관리와 한일 양국의 지배 엘리트 간의 협력에 의한 갈등조정 방식은 90년대 이후 더 이상 기능하지 못하게 되었다. 특히 80년대 이후 재발견된 일본군 위안부 관련 역사 인식 문제에 대한 대처에서, 민주화 후의 한국 정부로서는 여론의 동향에 민감해지지 않을 수 없었다. 그런데 문제를 더한층 악화시킨 것은, 이 시기에 접어들면서 일본 쪽 역시 지지기반이 비교적 약했던 정권들이 이어졌다는 데 있었다. 그런 약한 정권의 입장에서는, 내셔널리즘적인 여론의 압박에 저항하기 어려웠던 터였기 때문이다.

정부 간 갈등의 전면화는 자연이 국내 차원에서의, 특히 일본 내에서의 역사인식 문제에 대한 전반적인 관심의 고조로 이어지게 되었다. 예를 들어, 93년 호소카와 수상이 언급한 '침략전쟁' 발언이 일본 내 우익의 불만이 터져 나오게 되는 일대 계기로서 작용하게 되었던 것이 그 단적인 사례이다. 요컨대 한국에서의 일반적인 상식과는 달리, 교과서 문제를 비롯해 일본 우익의 소위 백래시(back lash)는, 박유하의 적절한 묘사처럼, '예전부터' '그리고 늘' '반성하지 않는' 일본이 확대된 현상이 아니라, 오히려 패전 이래의, 특히 90년대에 접어들어 위안부 문제를 계기로 더한층 분명해진 '반성하는 일본' 에 대한 내부로부터의 반발에서 비롯됐다고 할 수 있다(박유하 2015: 23).

이 같은 움직임은 그렇지 않아도 망언이 거듭되는 일본을 향해 불신의 눈길을 던지고 있던 한국 측에 소위 일본의 '우경화'를 확신시켜주는 확고한 증거처럼 비쳐진 바, 이에 따라 더더욱 고조된 일본에 대한 비판의 수위는 다시금 일본 측의 감정적 반응을 불러일으키는 식의 악순환이 이어져갔다. 그리고 이처럼 서로를 향한 신뢰가 폭락을 거듭하는 가운데, 이천 년대에 접어들어 그나마 관계 개선의 계기가 되지 않을까 기대했던 민간교류를 통한 이해 증진에의 기대마저 무산되자, 2012년 이후 양국 관계는 현재에 이르기까지 사실상의 교착상태에 머물러 있다.

결국 이 같은 상황에서 화해를 이루기 위해서는 무엇이 필요할까? 하지만 오늘날 진정으로 문제가 되는 것은 당장의 갈등 그 자체 이상으로, 그런 가운데서도 접점을 찾고자 하는, 공동의 이해를 모색해 보려는 공감대의 기반이 구조적으로 약화되고 있다는 점이다. 실제로 이천 년대에 접어들면서 일본에서는 사죄나 과거사에 대한 반성적 역사교육 등을 국가적인 '모독'이나 '불명예', 혹은 국익에 대한 반대로 여기는 정치세력이 대중적으로 영향력을 확대해 나가고 있다(金英鎬2018 14). 그리고 무라야마 담화에서처럼 한동안 일본이 모색하던 '속죄와 국가적 명예'를 '상호 보완'적으로 위치 지어보려 한 시도가 이같이 무산되는 가운데, 한국 쪽에서도 '과거 청산'에 주안점을 둔 '정의 중심의 강경한 접근'이 주된 기조로 자리 잡으면서 서로를 향한 태도가 더한층 경화되고 있는 형편이다.

새로이 부상하는 또 하나의 주체, 대중

이러한 충돌양상을 더한층 복잡하게 만들고 있는 것이 바로 양국의 일반 대중들이다. 오늘날 한국과 중국, 그리고 한국과 일본 사이에, 비단 정치적 차원에서뿐 아니라 대중 차원에서도 인터넷 게시판이나 유튜브 등의 대중 매체를 통한 소위 '헤이트 스피치'가 넘쳐나고 있는 데 대해서는 군이 설명이 필요하지 않을 터이다. 이러한 소위 '일부 극단적 의견'들은, 그 어느 때보다도 빨리, 또 다수의 개개 인터넷 유저들에게까지 실시간으로 전파되는 새로운 기술 환경하에서 국경을 넘나들며 새로운 '증오의 연쇄'를 유발하는바, 동아시아 역내 공조를 저해하는 근본적인 요인으로 작용하고 있다.

그중에서도 특히, 일본과의 갈등은 더한층 심각한 문제로 손꼽히고 있다. 이미 잘 알려진 대로 오늘날 일본 내의 한국에 대한 감정은, 1965년 국교 정상화 이래 사실상 가장 좋지 않은 상태라 일컬어지고 있다. 이런 분위기 속에서 이른바 '혐한론'이 오늘날 일본의 미디어 및 출판 시장에서 인기 있는 주제로 부상함에 따라, 이를 상업적으로 활용하고자 하는 "보수 비즈니스"는 혐한 논조를 더한층 자극적인 방향으로 몰아가고 있는 형편이다(미마키 2018: 49). 더불어서 이에 발맞추듯 헤이트 스피치 또한 2014년 유엔의 인종차별 철폐 위원회에서 우려를 표명할 만큼 해마다 악화일로를 걷고 있을뿐더러, 심지어 가상공간 바깥의 현실세계로까지 걸어 나오고 있다.

이런 위기의 징후에 대해 일본에서는 물론, 한국에서도 일찍부터 관심이 모였지만, 그로부터 어떤 구체적인 분석까지 나아간 경우는 드물어 보인다. 그나마도 한국에서의 경우, 혐한 현상으로 분출된 앞서 갖가지 요인들의 착종에 대해 꼼꼼히 분석하기보다는, 누구 탓에 그 같은 '망언'과 '우경화'가 횡행하게 되었는지 그 '주범'을 지목하려는 데 초점이 맞춰진 경우가 대부분이었다고 할 수 있다.

물론 여기에는 그간의 속류 혐한 언설들, 그중에서도 특히 2000년대 후반부터 2010년 전반 사이에 절정을 이루었던 재특회(在特會 · 재일 한국인의 특권을 용납하지 않는 시민모임)식 혐오 발언의 "빵빵하게 채워진 감정"적인 외침과 그럼에도 불구하고 정작 이를 통해 무엇을 지향하려는지 불분명한 그 사상적인 애매함이 일정 부분 작용했다고 할 수 있다(카림 2019: 187-8; 아스다 2013: 252).

사실 재특회 및 인터넷 혐한세력이 주된 문젯거리로 부각시키고 있는 재일 한국인의 특별영주 자격이나 조선학교에 대한 보조금, 생활보호상의 우대 등이 어떤 '특권' 같은 것이 아니라는 점은 간단한 사실관계의 확인만으로도 드러날 터이다(야스다 2015: 39). 그런지라 이렇듯 자신들의 감정에 비추어 구미에 맞는 "엉터리 정보"를 그저 확증 편향적으로 맹신해서 다른 사람들에게 강요할 뿐인 저 "가벼운 우익"의 망동 같은 것은 일견 진지하게 분석할 가치가 없어 보이기도 한다.

실제로도 그런 선동의 대명사 격이던 재특회의 길거리 시위 등 대외 활동은, 소수자에 대한 인권 문제 및 보편적인 상식 차원에서 심지어 전통적인 보수 세력들마저 문제시 삼을 만큼 비판의 대상이 되었고, 이에 2014년 즈음부터는 급격하게 수그러드는 추세이다. 그렇다면 이로써 모든 문제가 해결된 것일까? 하지만 재특회가 가라앉은 뒤에도, '그럼에도 불구하고' 혐한 서적 붐은 일본 내에서 여전할뿐더러, 한국 내지는 재일 한국인을 타겟으로 한 혐오 발언은 오히려 더한층 대중화되고 있다.

요컨대 이는, 혐한이라고 하는 것이 재특회가 불러일으킨 것도, 그들만의 전매특허도 아니라는 점을 반증한다. 오늘날 일본에서의 혐한 감정은, 한류 방영에 대한 반감에서 전국적으로 전개된 2011년의 소위 '反후지TV 시위'에서 알 수 있듯, 재특회와 무관한 일본의 일반 시민 사이에서도 광범위하게, 또 적극적으로 표출되고 있다. 그런 의미에서 야스다의 지적대로, 지금 일본에는 "극우의 분위기" 내지는 "혐한의 토양"이 확고하게 형성되어 있는 셈이다(야스다 2019: 314; 야스다 2013 : 311).

이런 "풀뿌리의 보수화"에 어찌 대응할 것인가? 많은 경우 한국에서는 이를 어느 정치인이나 특정 세력의 음모인 양 해석하고 싶어 한다. 요컨대, 암묵적으로 사회적인 공감대가 존재하던 옛 고도 성장기 시절의, 그 나라 국민이라면 모두가 비슷하게 인식하고 생각하리라 전제하던 낡은 분석 모델에 여전히 입각해, 일본 전체가 저들의 잘못된 역사 인식 및 내셔널리즘 일색으로 물들어 간다는 식으로 문제에 접근하고 있는 것이다(다카하라 2007: 17). 물론 '조용한 혐한파'든 재특회와 같은 과격한 헤이트 스피치 파든, 혹은 개헌 및 교육 정상화를 추진하는 우파 세력이든, 나름의 문제의식을 표출하기 위한 '방편'으로 반한적인 언동을 활용한다는 점에서는 혐한을 "최대 공약수"로 하고 있는 것은 사실이다. 그리고 그러한 문제의식이 특히 2002년을 전후해, 일본사회에서 타자로서 본격적으로 의식되기 시작한 한국의 대두와 밀접하게 연관되어 있는 것 또한 사실이다. 하지만, 이들이 제각기 추구하고 있는 전후 일본에 대한 진단과 타파의 지향점은 서로 상이하며, 재특회와 기존 우익 간의 가열 찬 상호비난에서 단적으로 나타나듯 종종 서로 모순되기까지 하다(아스다 2013 : 252).

일본의 한 연구자가 지적한 대로, 이처럼 다양하게 분기해 가고 있는 일본의 보수적인 변화에 기존의 역사문제-전쟁책임 문제 제기 위주의 단선적 접근만으로는 대처하기 점점 더 어려워지고 있다. 특히 고도성장기 시절 개발주의의 옛 추억을 되풀이할 뿐인 '보수'나 과거사 문제에만 얽매인 듯 보이는 '혁신' 측 모두에게 반감을 품고 있는 일본의 젊은 세대에게는 더한층 그러한바, 이 같은 전후 체제의 문제 틀 그 자체를 부정적으로 보고 있는 그들에게 자칫 적대감마저 불러일으킬 수 있다고 경고한다. 따라서 한일관계 및 역사문제에 대한 이와 같은 복잡한 대중감정을 제대로 이해하기 위해서는, 먼저 오늘날 혐한 문제의 출발점으로서 2002년 이후 한국에 대한 일본 사회에서의 인식을 중심으로, 해당 문제의 주요한 논점들이 어떻게 형성되어, 이후 일련의 흐름을 이루게 되었는지부터 살펴볼 필요가 있다.

"룩 코리아" : 한국이라는 타자의 등장

김성민에 의하면 보통의 일본 사람들에게 한국이란 1988년 서울 올림픽이 개최되고서야, 특히 2002년 월드컵 공동 개최를 계기로 새로이 '발견'된 것이나 다름없었다고 지적한다. 물론 이는 그전에는 한국의 존재에 대해 몰랐다는 말이 아니다. 그보다는 독재정권 하에서의 한반도의 상황이란 대개의 일본 사람들에게 그저 일상 바깥의 일로서 방관 되어왔다는 그런 의미에서다(김성민: 23).

이런 무지와 무관심은 이천 년을 전후해 폭발적인 관심으로 뒤바뀌게 된다. 잘 알려진 대로 월드컵 후 NHK에서 드라마 「겨울연가」의 방영과 함께 고조된 시니어 여성층이 주축이 된 이른바 '제1차 한류 붐'은, 이후 2010년의 '제2차 한류 붐'을 통해 K-POP 전반에 대한 인기로 확장되어 나갔다. 이와 함께 한국에 대한 대중적인 호감도가 급상승한 것은 물론, 특히 리만 쇼크로 인한 세계적인 불황이 한창이던 이천 년대 후반 즈음부터는 "경제도 산업도 일본은 진정 한국에 패배한 것인가?' 같은 보도에서 단적으로 드러나듯, 문화 현상을 넘어 여타 국가들에 비해 해당 위기를 빠르게 극복해 낸 한국의 역량 전반으로 관심이 확대되어 갔다(日本經濟新聞/2010/09/14).

이를 통해 일본에서 한국이란 존재는, 이른바 '부재하는 타자'에서 '과잉된 타자'로서 급격히 전환되었다. 한류는 이제 그저 한국風의 유행이 아니라, 일본의 쇠퇴를 비춰주는 거울의 역상처럼 여겨지기에 이른다. 그리고 이런 구도 하에서, 90년대 이후 소위 '잃어버린 10년'의 정체기에 접어든 일본에게, 민주화와 외환위기의 극복을 성공적으로 성취해 낸 한국이야말로 자신들이 잃어버린 옛적 역동성을 담지하고 있는 것으로 해석되었던 것이다. 이에 따라 식민지 시절 이래 한국에 대한 이미지의 스테레오 타입이라 할 수 있던 '정체停滯'론이 오히려 오늘의 일본 쪽으로 거꾸로 투사되면서, 오구라는 일종의 '룩 코리아', 즉 일찍이 말레이시아의 마하티르가 일본을 배우자며 1981년에 주창했던 'Look East Policy(동방정책)'를 방불케 하는 한국을 방편 삼아 자기반성과 개혁론을 도모하려는 움직임이 일본 내에서 일어나게 되었다고 지적한다(小倉 2005: 152).

그런데 문제는, 이런 한국에 대한 과잉된 의식이 한류처럼 우호적인 방향으로만 표출된 것이 아니라는 데 있다. 일본의 중고년층 세대 사이에는 한국을 낮춰 보던 종래의 시각이 뿌리 깊게 남아 있고, 이는 예를 들어, 일본 내각부가 2019년 행한 여론 조사에서 18-29세 층에서는 45.7%가 호의를 느낀다고 답한 데 비해, 70세 이상 층에서는 17.4%만이 그렇다고 답한 데에서 단적으로 드러나듯, 한국에 대한 세대 간 인식 차의 형태로 드러나고 있다.[4] 이에 따라, 특히 2016년을 전후해 가시화된 젊은 세대를 중심으로 한 '제3차 한류 붐'의 이면에서는, 일본 내에서 실은 한국을 둘러싼 일종의 세대 간 갈등 상황이 벌어지고 있었던 것이다. 이처럼 일본사회 내에서 한국에 대한 인식 상의 '비동시성의 동시성'으로 인해 촉발되는 갈등도 갈등이지만, 더욱 문제가 되는 것은 이렇게 호오를 첨예화시키는 한일 간의 다양한 '맞대기'가 국내 차원에서뿐 아니라, 양국을 가로질러 실시간으로 벌어지고 있다는 점이다.

앞서 살펴본 『문예춘추』의 대담에서 같은 한국을 향한 일본 측의 비판적 논조나 이후 해당기사로부터 촉발된 한국 측의 연쇄적인 반박처럼, 미디어를 매개로 한 핑퐁식 갈등 국면 그 자체는 이전부터도 물론 존재했다. 하지만 이천 년대에 접어들면서 여기에 한 가지 두드러진 변화가 나타나게 된다. 즉, 앞서 살펴본 신문지상 논쟁의 경우에도 그런 면이 있지만, 그간의 양상이, 예를 들어 80년대 역사 교과서 문제나 영토 문제에 대한 일본의 '도발'에 한국 쪽이 '항의'하던 식으로 전개되던 데 비해, 이제는 오히려 한국에 대한 일본 측의 '반발'이 두드러진다는 점이다(김성민: 40). 실제로 이천 년대 이후 일본 미디어의 전반적인 보도 경향을 살펴보면, 한국이야말로 혐한의 원인 제공자라는 식의 논조가 급증하고 있음을 확인할 수 있다(노윤선: 117).

2013년 실시된 이상에서의 양국 공동 여론조사에서 명료하게 드러나는 것처럼, 이제 한일 사이에는 정부 차원에서의 공식적인 갈등을 넘어서서, 시민사회 차원에서조차 서로에게 탓을 돌리는 인식의 틀이 이미 확고하게

---

4) 沢田克己, 「反日韓国という幻想」(東京 毎日新聞出版, 2020), pp.172-3; 内各府 『外交に関する世論調査(2019年10月)』「日本と諸外国・地域との関係」'韓国に対する親近感'(https://survey.gov-online.go.jp/r01/r01-gaiko/zh/z10.html)

자리 잡았음을 알 수 있다. 그리고 이에 입각한 '적대와 대립의 언어'는 미디어의 각종 관련 보도, 소셜 미디어 및 인터넷 게시판 등을 통해 자극적으로 부풀려져 실시간으로 서로에게 전해지는바, 이는 더 큰 갈등의 촉매로서 작용하고 있는 형편이다.

한국 의식하기의 또 다른 전개방향 : 혐한

이와 같은 전개는, 문화교류가 증진되면 상호 간의 이해는 자연스레 촉진되리라 상정해 온 기존의 문제 접근이, 실제로는 꼭 긍정적인 효과만을 가져다주는 것이 아닐 수도 있다는 점을 보여준다. 오구라에 따르면, 오히려 그렇게 관심과 애정을 품게 된 만큼, 그런 상황에서 극일克日 같은 한국 사회에서 보편화되다시피 한 방편으로서의 일본 담론이나 갖가지 호전적인 구호들과 맞닥트리게 되었을 때, 일본의 보통 사람들이 얼마나 위화감을 느끼게 되었는지를 지적한다(오구라 2015: 53-4; 야스다 2013 : 184). 나아가 이러한 충격은 2012년 이명박 前대통령의, 이른바 일왕 사과 요구를 기점으로 혐오로 굳어지기에 이른다. 당시 광복절을 앞두고 일왕 방문에 대한 질문에, 이 대통령이 "한국 방문하고 싶으면 독립운동 하다 돌아가신 분들 찾아가서 진심으로 사과하면 좋겠다고 생각한다.", "몇 달 고민하다 '통석의 염痛惜の念', 뭐 이런 단어 하나 찾아올 거면 올 필요 없다"라 답했다고 전해지면서, 일본 정계는 물론, 일반인

들마저 강한 불쾌감을 토로하는 사태가 벌어졌던 것이다.[5]

해당 발언 바로 다음 날의, 이하에서와 같은 한 일본매체의 보도에서 단적으로 드러나듯 그 반발의 규모와 정도는 통상적인 한국에 대한 비판을 크게 웃도는 것이었다.

한국 대통령이 직접적인 표현을 써서 천황 폐하께 사죄를 요구한 것은 극히 이례적인 일로, 이에 일본의 넷 유저들은 크게 반발했다. 일례로 야후 기사에는 통상 수백 건 쯤의 댓글이 달리는 정도지만, 이 대통령의 발언을 전한 시사통신 기사에는 9,300건이 넘는 코멘트가 달렸다. (중략) [그 중] 상위 댓글로…"넘어선 안 될 일선을 넘었네요. 당신네들과는 끝장이야, 여러 가지 의미에서."…처럼, 한국에 강한 반발심을 드러내는 것들뿐이었다. 모두가 한국 쪽이 '선을 넘었다'를 염두에 둔 댓글이라 할 수 있다. '좋아요' 버튼을 누른 수도…[앞서] 상위 댓글 같은 경우 10만회를 넘고 있다.[6]

얼마 뒤, 이 前대통령이 관계자들에게 "[일왕을] 모욕하거나 무리한 요구를 할 의도는 없었다.", 다만 "일본 수상이 역사문제에 대해 거듭 사죄하더라도, 다른 수상으로 바뀌면 발언이 바뀌곤 한다. 일본에서 존재감이 큰 일왕의 성의 있는 발언이라민 문제의 해결에 도움이 되리라" 여겼다는 식의 해명을 간접적으로 밝히기는 했지만, 일본 측의 격앙된 분위기는 쉬이 가라앉지 않았다.[7] 그런 와중에서 약 1년 뒤, 이번에는 박근혜 前대통령의 이른바 "가해자

---

5) 『중앙일보』2012/08/15, "MB, 독도행 이어 일왕 사과 요구…일본 '악영향 수년 갈 것'"(https://news.joins.com/article/9053962)
6) 『J-CAST』2012/08/15, "李大統領「天皇謝罪要求」にかつてない怒りの声 ネットも政治家も新聞もこぞって批判"(https://www.j-cast.com/2012/08/15142974.html?p=all)

와 피해자라는 입장은 천년이 지나도 바뀌지 않는다."는 2013년 3·1절 기념식 연설이 일본 사회에 또 한 차례의 파문을 불러일으켰다. 요컨대, 아무리 노력해도 가해자와 피해자로서의 관계가 달라지지 않는다면, 노력해 봐야 무슨 소용이 있겠냐는 것이었다(오구라: 44). 이에 따라 일본 내에서의 이 같은 "무력감"은, 점차 소위 "사죄 피로", 즉 한국 측의 끝없는 '사죄와 배상' 요구에 우리가 언제까지 사죄를 계속해야 하느냐는 식의 적대감으로 굳어져 갔다.[8]

한류의 이면이라 할 수 있을 이 같은 反韓 기류는, 공히 한국에 대한 부정적 인식에 입각해 있다는 점에서 똑같은 한 덩어리의 혐한처럼 보일지 모른다. 하지만 "걸핏하면 한국 운운하는 데 대한 질색" 정도의 가벼운 반응부터, 재일 한국인 거주 지역 및 조선인 학교로 몰려가 혐오시위를 벌이는 재특회의 데모 활동에 이르기까지, 실제로는 그 속에서 상당한 차이를 보인다(澤田: 175).

요컨대 오늘날 일본사회에서의 혐한이란, 첫째, 장기화되고 있는 일본의 침체와 대비되는 한국의 경제적, 문화적 부상에 대한 전반적인 불만과 위기감, 둘째, 일본 사회에서 아래로부터의, 요컨대 신자유주의적 구조 변동 속에서 소외된 채 그로 인한 원념을 투사할 희생양 찾기에 나선 넷 우익 등, 소위 "잊혀진 사람들"의 배외주의, 셋째, 위로부터의, 기존 전후 체제에 대한 이념적 차원의 문제 제기의 세 축이 뒤엉켜 있는 복합적 사회현상이라 정리해 볼 수 있다(슐래스 2010: 13).

여기에서 두 번째의 르상치망적 차원의 희생양 찾기나 배외주의 같은

---

7) 『日本経済新聞』2012/09/10, "天皇謝罪要求「誤解されている」韓国大統領が釈明" (https://www.nikkei.com/article/DGXNASGM1004I_Q2A910C1FF1000)
8) 『J-CAST』2013/03/04, "朴大統領「被害者の立場、千年不変」と主張 韓国に「いつまで謝罪し続ければいいんだ」の声"(https://www.j-cast.com/2013/03/04168068.html?p=all)

경우는, 비단 일본에서뿐 아니라, 사회 유동화 및 경제적인 양극화가 두드러지는 가운데 현재 서구 선진국 전반에서 두루 나타나고 있는 포퓰리즘적인 '분노의 정치'와 맥을 같이하는 현상이다. 그리고 이렇게 내려앉게 된 기존의, 그간 스스로를 중류층에는 속한다고 믿어 왔던 사람들이 내보이는 전형적인 반응을 후쿠야마는 이렇게 지적한다. 우선 그들의 분노는 이 모든 사태를 초래하거나 방관할 따름인 위편 엘리트들에게로 향한다. 하지만 동시에, 그들은 자신들이 보기에 그만한 자격이 없음에도 불구하고 저들 엘리트의 비호를 등에 업고 부당하게 사회적인 혜택을 누리고 있는 듯 보이는 아래편의 가난한 계층에게도 향한다. 그에 따르면 많은 경우, 사람들은 자신의 삶이 지금 이와 같이 전락해 버린 게 신자유주의적인 구조 개혁에 따른 사회적 변동으로 인한 결과임을 직시하기보다는, 차라리 비난받아 마땅한 저 자격 없는 자들, 외국인 노동자나 사회적 소수자들의 탓이라 치부해 버리고 싶어 한다는 것이다(후쿠야마 2020: 150).

이 같은 책임 전가의 양상은, 재일 한국인은 과도한 보호를 누리고 있는 바, 그런 외국인들의 "무임승차" 덕분에 어려운 처지의 일본인이 복지 혜택에서 차별받게 되었다는 넷 우익의 이른바 '재일특권'론에서도 그대로 반복된다(아스다까: 192). 나아가 이런 전형성은 그들의 피해의식에만 국한되지 않는다. 재특회 및 넷 우익 관련 연구자들이 공히 지적하듯, 다른 의견이나 반론을 '음모'로 치부하며 일체의 대화를 거부하는 이들의 아전인수식 자기 정당화 역시 마찬가지로 전형적이라 할 수 있다.

자신들의 관습이나 신념에 대한 외부의 비판은 결코 논의의 대상으로 삼지 않는다. '자신'과 '이방인', '우리' 대 '그들'로 양분된 세계에 기본적으로 깔려 있는 적대감은 처음부터 비판을 퉁겨낸다. 비판은 자신의 나라, 자신의 민족, 자신의 국가를 위한 유일하게 진실하고 정당한 투쟁을 이끌어가는 사람들을 검열하고 억압하고 조종하는 일로 치부된다. 그리하여 스스로 어떤 반박이나 의심에서도 면제된다고 생각하는 폐쇄적 사고방식이 더욱 견고해진다. (중략) 비판적인 보도는 '가짜 언론'이 영웅적이고 애국적인 봉기의 가치를 모른다는 증거일 뿐이다. …그리고 자신의 공격성은 정당방위로 미화한다(엠케 2017: 87)

이런 식의 미화가 가능한 이유는, 카림이 지적하듯 우파 포퓰리즘에서의 경우, 기존의 정치적으로 올바른 가치관과 상식을 '좌익'의 표현 독재라고, 억압이라 전복시킴으로써, 그런 금기를 위반하고 모욕하는 것이 일종의 정치적 저항인양 정당화시키고 있기 때문이다(엠케 262-3). 그리고 이런 메커니즘에서 재특회 및 넷 우익에게 오늘날 일본에서 공격 대상으로 삼아야 할 '터부'란, 전후 일본의 핵심 테제라는 바로 그 이유에서 재일 한국인으로 상징되는 역사문제 및 관련해 (그들이 보기에) 좌익들이 금기시해 둔 '재일 조선인은 불쌍한 약자이고 차별해선 안 된다는 상식'인 셈이다(야스다 2013: 198).

덕분에 넷 우익 스스로도 자기 삶의 진짜 문젯거리와 이런 터부가 어찌 연결되는지 실제로는 확신하지 못하면서도 혐오에 빠져드는 것도 문제지만, 더욱 문제가 되는 것은 그 맥락은 상이할지언정 여기에서 타겟이 된 전후의 상식에 대한 공격이, 앞서 혐한의 또 다른 축에서도 동시에 벌어지고 있다는 데 있다. 관련해서 일본의 한 연구자는, 한국 때리기가 어떻게 일본의 위기 극복 및 개혁을 위한 방편으로 활용되고 있는지에 대해 다음과 같이 설명한다.

> 온건한 '혐한'파의 논점에는 중요한 두 가지 축이 존재한다. 하나는 물론 '한국을 향한 비판'이다. 그런데 또 하나의 논점도 중요하다. 그것은 '전후 일본의 헤게모니에 대한 도전'이다. '전후 일본'이라는 시공간의 기만성에 대한 이의제기를 '혐한'이라는 이슈와 동일화해서 일본 사회에 호소하고 있다고 볼 수 있다. 즉, '혐한'파는 '전후 일본'에 대한 총체적인 대항의 축을 구축하려는 것이다(오구라: 10-11)

일본의 이른바 '전후 체제'가 평화헌법과 미일안보조약이라고 하는 양대 기둥에 의해 지탱되어왔음은 잘 알려진 사실이다. 비군사화 및 민주화를 보증하는 평화헌법을 방패 삼아 일본은 국방 부담을 최소화 시킬 수 있었고, 이를 경제성장에 집중시켜 경제대국으로 거듭날 수 있었다. 하지만 이런 식의 왜곡된 구조는 미국에 대한 정치·군사적 의존을 심화시킬 수밖에 없었고, 일본의 소위 '전후세대'들이 보기에는 그 결과 경제적인 성장과 반비례해 주체성의 상실이 벌어지게 되었다는 것이다(최희식 2016: 244-5).

이 같은 문제의식에서 보자면, 특히 혐한 세력에게 전후 일본이란 한국이나 중국에서 보수화 운운하고 있는 것과는 정반대로, 오히려 실질적으로 좌익 내지는 리버럴한, 그것도 '지나치게 리버럴한' 국가로 규정된다. 그리고 이런 틀 속에서 한반도는 너무나 '성역화' 된 바, 70년대까지는 북한과의 우호가, 80년대부터는 한국과의 우호가 어떤 규범이라도 되는 양 자리 잡게 되었다는 것이다. 그 결과 일체 비판이 허용되지 않은 채, 이를 범하는 자는 마치 도덕적으로 문제라도 있는 것처럼 취급되기에 이르렀다고 주장한다. 따라서 이 불합리함을 해소치 않고서는, 일본은 결코 '보통 국가'가 될 수 없다는 식의 논리이다.

이 같은 문제 설정에서 보자면, 그동안 일본을 억압해 온 '전후 헤게모니=리버럴=한일 우호=전후 체제'란 강고한 틀로부터의, 전후의 '제어장치'로부터의 탈각이야말로 진정한 혁신이라는 것이었다. 요컨대, 한국에서 흔히 '혐한=보수=현재 체제'라 여기는 것과는 정반대의 구도에 서 있는 셈이다(오구라: 41).

말할 것도 없이 이런 위로부터의 이념적 차원에서의 혁신 운동은, 일견 '애국'을 기치로 내걸고 있지만 실제로는 피해자 의식의 발산에 불과했던 앞서 아래로부터의 극우적인 행태와는 내셔널리즘의 측면에서 전혀 성격을 달리한다. 그런데 문제는, 다카하라의 틀을 빌어 표현하자면 사정이 이와 같음에도 불구하고, 현재 일본에서 국가적 발전이나 국민의 통일감을 양성하기 위해 요청되는 이념적인 동원, 즉 그가 '고도 성장형' 내셔널리즘이라 부른 전통적인 유형과 사회 유동화 속에 내던져진 계층의, 소위 '개별 불안형' 집단의식으로의 분화가 이루어졌음에도, 이를 모두 전자 쪽으로 뭉뚱그려 넣어버린다는 데 있다(다카하라: 61-62). 이로부터 특히 한국에서는, 이러한 '국가주의'의 대두와 이를 억제하던 '전후 민주주의의 후퇴'가 지난날의 "공세적 대외 팽창주의"의 부활로 이어지리라는 식의 연결 짓기를 되풀이해 왔다고 할 수 있다.[9] 하지만, 과연 정말로 그런 것일까? 적어도 후자의 개별 불안형 내셔널리즘의 경우에서는, 한국에서 일컬어 온 이른바 "사악한 침략주의"와는 방향성을 전혀 달리하고 있다.

　오히려 여기서 우리가 정말 주목해야 할 부분은, 논점도 주장하는 바도 서로 상이함에도 불구하고, 위에서부터든 아래에서부터든, 각자의 문제의식을 부각시키는 방편으로서 공히 한국 때리기가 활용되고 있다는 점이다. 게다가 이러한 경향은 정부 간의 공식적인 차원에서뿐 아니라, 상호 접촉을 용이하게 해주는 각종 미디어, 인터넷 매체들의 다변화를 통해 한일 갈등이 일상화되다시피 한 오늘날, 확산일로에 서 있다는 점에 문제의 심각성이 있다.

어디부터, 또 어떻게 넘어설 것인가?

　결국, 문제의 핵심이라 할 수 있을 저 '방편으로서 혐한'의 고착을 어떻게 풀어야 할까. 결론부터 말하자면 해당 문제가 일본 사회 내에 이미 구조화된 만큼, 이를 단숨에 해결한다는 것은 사실상 불가능에 가까운 일이다. 일본식으로 표현하자면 '空氣', 즉 혐한 쪽으로 기울어진 전반적인 분위기를 전환시키기 위해, 장기적인 안목에서 필요한 조치를 차근차근 취해나가는 수밖에 없

---

9) 『한겨레』, 1999/08/11, 「일본의 급속한 우경화」

다.

이에 우선 즉각적으로 필요한 것은, 혐오가 더 심각한 혐오로 이어지지 않도록 공적인 차원에서의 조치를 강구하는 것이다. 엠케의 지적대로 혐오는 우발적으로 벌어지지 않는다. 집단적으로 혐오가 표출되기 위해서는 미리 정해진 양식, 즉 모욕적인 언어 표현이나 비하의 이미지, 범주를 구성하는 인식 틀이 선행되어야 한다. 다시 말해 혐오와 증오는 양성되고 훈련되는 것이다(엠케: 22-3). 게다가 더 큰 문제는, 레빈의 '증오의 피라미드' 모델을 원용해 노윤선이 지적했듯, 동일본 대지진 후 벌어진 재일 한국인에 대한 비방과 같은 '편견에 의한 행위'가 결국에는 폭행, 즉 실제 '폭력 행위'로의 악화에까지 이른 데서 알 수 있듯, 사소했던 혐오 발언이 곧이어 보다 심각한 단계의 혐오 행위로까지 확대되어 나간다는 데 있다.[10] 따라서 혐오 발언 및 행위의 경우, 그것이 현 단계에서는 아무리 사소해 보일지라도 연쇄적인 확대의 예방 차원에서 단호히 대처할 필요가 있다.

이와 관련해, 2016년 일본 국회에서 가결된 「일본 외의 출신자에 대한 부당한 차별적 언동 해소를 위한 대책 추진에 관한 법률안本邦外出身者に対する不当な差別的言動の解消に向けた取組の推進に関する法律案」, 일명 헤이트 스피치 해소법안과, 특히 혐한 기조가 두드러지는 오사카에서, 같은 해에 성립된 오사카시

---

10) 노윤선, 『혐한의 계보』 (파주: 글항아리, 2019) p.268; 레빈은 증오가 점증적으로 표출되는 과정을 "선입견", "편견에 의한 행위", "차별", "폭력 행위", 그리고 마지막 "말살"의 다섯 단계로 구분해 설명한다. 보다 상세한 논의는 Biran Levin, "The Long Arc of Justice: Race, Violence, and the Emergence of Hate Crime Law," B. Perry(general ed.), B.Levin(volume ed.), *Hate Crimes vol.1 Understanding and Defining Hate Crime*, (Westport: Praeger Publishers, 2009), pp.5-6.를 참조할 것.

헤이트 스피치 억제조례 등의 공식적인 제한 조치는 과연 실효성이 있을지, 나아가 실효성이 있다 하더라도 애초에 표현의 자유를 법률로 제한할 수 있을지 같은 일련의 논란들을 촉발시키기도 했으나, 그럼에도 가시적인 규제의 틀이 세워졌다는 측면에서는 일단 긍정적으로 평가할 만 하다(문연주 2017: 115-8, 이준일 2016: 173-182).

하지만 동시에, 해야 할 바가 사회 분위기를 바꾸는 것, 다시 말해 공공의 인식틀을 새로이 하는 것이고 보면, 이처럼 법률로 한계선을 긋거나, 혹은 현재 일본 법무성에서 펼치고 있는 "헤이트 스피치, 용서하지 않는다.", "특정 민족이나 국적을 가진 사람들을 배척하는 차별적 언동을 보고 들은 적이 있습니까. 이런 언동은 인간으로서의 존엄을 손상하거나, 차별의식을 자라나게 할 수 있기에 허용되지 않습니다."는 식의 계도만으로는 충분치 못할 터이다.[11] 결국 그저 혐오를 범하지 않는다는 정도가 아니라, 재일 한국인을 비롯한 사회 내 소수자들과의 공생이 적극적인 가치로서 일본 사회에 뿌리내려야 할 터이기 때문이다.

이 점에서 2014년을 전후해, 재특회의 기세를 꺾는데 상당한 역할을 한 것으로 평가되는 C.R.A.C(Counter-Racist Action Collective), 일명 '카운터'의 활동은 일정한 시사점을 제공한다. 카운터란 표현대로 이들의 방식은 일종의 맞불 작전처럼 혐오 시위에 시위로 맞서는 것으로, 이 자체에 대해서는 논란의 여지가 다분하다. 하지만 주목해 볼 부분은, 이들 중 일부가 이념적인 차원에선 스스로를 보수 우익의 일원이라 자각하고 있음에도, 재특회식

---

11) 法務省,「ヘイトスピーチに関する実態調査報告書」2015, p.144
(http://www.moj.go.jp/cont ent/001201158.pdf)

의 비뚤어진 애국심에 대한 비판의식과 무엇보다도 인간의 "존엄"성이라는 보편적인 가치에 입각하여 적극적인 행동에 나섰다는 사실이다.[12]

이처럼, 갈등을 넘어서기 위해서는 과거로부터의 해당 원인을 해소하는 것뿐만이 아니라, 그러한 고통의 기억과 대립이 여전히 존재하지만 '그럼에도 불구하고' 연대해 함께 살아가야 할 공통의 가치가 있다는 데 대한 적극적인 믿음과 공감 역시 필수적이다. 그런데 오늘날의 현실은 냉전의 종식과 한국의 민주화 이래 소위 "반공 파트너"로서 어쨌든 적어도 정권 차원에서는 서로를 묶어주던 이념적인 공감대를 상실해 버린 뒤, 공공영역에서든 민간 영역에서든 양국은 새로운 공통의 가치를 채 구축하지 못한 채, 오히려 그간 축적된 과거사 문제를 두고 갈등하는 적대적인 관계로 빠져든 형편이다(아스다 2019: 167-8).

따라서 앞서 혐오 발언의 규제와 같은 대증對症 치료, 곧 즉각적인 대응조치와 더불어서, 장기적인 안목에서의 한일을 아우를 수 있는 적극적인 공통의 가치 창출이 요구된다. 결국 문제의 핵심은 서로 다른 우리가 '그럼에도 불구하고' 왜, 그리고 어떻게 함께 살아갈 것인가일 터이다. 이와 관련해, 가와모토는 다음과 같이 지적하고 있다.

현대적인 의미에서의 공생共生이란, 자타가 융합하는 '공동체'로의 회귀원망이 아니라, 타자 된 존재와의 대립과 긴장을 끌어안고 가면서, 그로부터

---

12) *Huffpost*, 2014/01/23,
「ヘイトスピーチに 愛国者じゃない、日本の恥」カウンター右翼青年が叫ぶ理由」
(https://www.huffingtonpost.jp/2014/01/23/hate-speech_n_4650575.html)

풍부한 관계성을 창출하고자 하는 영위이다. (중략) [이는] 被차별자의 '동화'
와는 근본적으로 다르다(川本 2008: 9).

이처럼 서로 상이하고, 그 때문에 이리저리 삐걱거림이 있음에도 불구하
고 함께 걸어가려는 '동보同步'로서의 공생은, 바꿔 말하면 각기 다른 주체
간의 '관계 맺기'라 할 수 있다. 하지만 유사한 문제의식으로부터 한일 간에는
그동안 이미 다양한 네트워크 구축을 위한 노력이 시도 되어오지 않았던가?
물론 그렇다. 그렇지만 이는 주로 지식인 차원에 국한되었던 바, 관련 논의도,
그에 따른 가치론도 전문가들 사이의 좁은 범위에만 한정됐던 것이 사실이
다. 이 같은 정제된 논의 그 자체는 물론 불가피한 면이 없지 않지만, 문제는
정보화의 심화와 함께 오늘날 사회 내에서 새로운 知의 주체로서 부상하고
있는, 이원희가 "시민 지성"이라 명명한 바 있는 대중이라는 새로운 주체들과
이를 어찌 연결 지어 나갈 것인가에 있다(이원희 2010: 81-2). 그의 지적대로 이들은
전문성의 관점에서 보자면 아마추어 같은 존재에 불과하다. 하지만 '주변적
지식인'을 자처하며 불완전한 논의와 주장을 유통, 확산시키고 있는 앞서
일본 넷 우익의 행태가 바로 그런 시민 지성의 비틀린 사례임을 상기해 볼
필요가 있다.

오늘날 이들에 의해 인터넷 미디어에서 현재진행형으로 벌어지고 있는
역사 논쟁은, 대개 출처가 불분명한 것은 말할 것도 없고, 그 위에 다시 지극히
주관적인 억견을 덧붙여 왜곡시킨 논의에 입각한 경우가 태반이다. 더 큰
문제는, 그런 왜곡된 논의가 다시 곧이어 벌어지는 또 다른 논쟁의 근거로

활용된다는 데 있다. 이 같은 가상공간에서의 정보 왜곡과 그로 인한 증오의 확산은 물론 앞서 혐오 발언의 규제처럼 시급한 대책을 요하는 문젯거리임에 틀림이 없다. 하지만 여기서 우리가 진정 주목해야 할 부분은, 이제 대중은 더 이상 과거사 논쟁에서 지금까지처럼 정치적인 호소의, 교육 대상으로서의 객체가 아니라, 적극적인 생산자이자 주체로서 등장하게 된 작금의 동아시아적 현실 그 자체이다. 이러한 상황 속에서 즉각적인 규제와 장기적인 안목에서의 공통 가치의 확립을 이을 '가상적 화해'의 시간을 어떻게 동아시아 각국 대중들과 '더불어서' 구축해 나갈 것인가? 이것이 곧 이번 또 한차례의 '파열'에서 새로운 '봉합'으로 나아가기 위한 핵심적인 과제일 터이다.

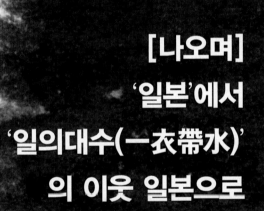

[나오며]
'일본'에서
'일의대수(一衣帶水)'
의 이웃 일본으로

'일본'에서 '일의대수(一衣帶水)'의 이웃 일본으로

방편으로서의 일본 없이 스스로에 대해 사고한다는 것

아마도 21세기에 접어든 후 태어난 세대들로서는 스마트폰이 없던 시절을 상상하기란 쉽지 않겠지요. 해마다 더 빠르고, 더 큰 용량의 제품들이 쏟아져 나오는지라 기술적인 발전이 얼마나 신속하게 이루어지는지를 물론 머리로야 모르지 않겠지만, 이 같은 근본적인 정보화 혁명이 아직 일어나기 전의 전혀 다른 결에 속해있던 때를 떠올려 보라는 것은, 마치 물고기에게 네가 지금 헤엄치고 있는 물 밖으로 나가 강물의 흐름 자체를 가늠해 보라 주문하는 것과 다름없을 테니까요.

하지만 전혀 방법이 없는 것은 아닙니다. 과거의 베스트셀러, 요컨대 그 시절 그 사회의 상식이 응축되어 있다시피 한 해당 매체는, 이런 시대마다의 당연함을 엿볼 수 있는 일종의 타임머신과 같습니다. 한 가지 예를 들어볼까요? 지금으로부터 약 반세기쯤 전에 미국의 에즈라 보겔이란 연구자는, 해당 저작의 제목이 그 후 거의 한 세대에 걸쳐 세계적인 유행어가 되다시피한 베스트셀러를 내놓습니다. 『일등국가 일본(Japan as Number One)』이라는 책입니다. 이제는 '잃어버린 10년'을 훌쩍 넘어 30년이 되어버린 상황에서, 특히 유튜브 등 온갖 인터넷 매체를 통해 일본을 내일이라도 당장 주저앉을 나라 취급하고 있는 오늘날 한국에서의 시각으로 보자면, 이게 뭔 소리인가 싶은 그런 제목이지요. 하지만 이하의 그 시절 신문 기사에서 읽어낼 수 있는 것처럼, 그 당시 한국에게 일본은 그저 조금 잘 사는 나라 정도가 아니라, 구체화 된 선진국의 꿈이자 우리 사회를 와신상담하게끔 만드는 '회초리' 같은 존재였습니다.

그들(일본)의 관심사 중 하나는 한국에 성장하는 식민 이후 세대들의 양적 팽창이었다. 이들은 적어도 일본이 물리적으로 '경험해 보지 않은' 세대들이었으며, 자주적 의식이 어느 정도인지를 가늠하기 어려운 세대들이었다. 저들은 크게는 한국인 전체, 작게는 식민 이후 세대의 의식의 깊이를 재고 싶었을 것이다. [지금 벌어지고 있는] 교과서 왜곡은 역사적 필연성으로 볼 때 저들이 띄어 본 제2의 운요호雲揚號 사건인 것이다. 우리가 깊은 잠에서 깨어나 매의 아픔을 느껴야 하는 이유는 바로 거기에 있다. (중략) 만일 한국인들이 이번 사건을 계기로 분연히 일어서서 과거 피식민 세력으로서의 열등의식을 극복하고 한민족으로서의 긍지를 되찾아가는 탈외세적 자세를 정립한다면, 일본은 분명 우리를 재평가할 것이다(조선일보/1982/08/29).

해당 기사가 작성된 직접적인 계기는 당시 한일관계를 떠들썩하게 만들었던 1982년의 이른바 일본 교과서 왜곡사태였습니다. 하지만 "극일克日의 길, 떳떳한 한국인이 되자"라는 제1면의 해당 머리기사 제목에서 단적으로 드러나듯, 논자는 앞서 윤치호가 그러했던 것처럼 정작 문제를 일으킨 일본 쪽이 아니라 당하고 있는 이편 우리들의 반성과 분기를 요구합니다. "우린 자극에 의해 그 자극의 깊이만큼만 반응하는 피동적 자세에 안주할 수 없다. 우리는 용어의 구체성에도 불구하고, 극일 운동의 대상을 일본에만 한정할 수가 없다. 소극적 극기에서 우리 민족의 민족으로서의 국가 목표를 설정하는 대승적 자기 발견으로까지 발전해야만 한다." 이처럼 그 시절 한국 사회에게 일본은, 그저 극복의 대상이 아니라 우리 "민족의 주체를 지탱하는 원대한 민족적 목표"를 실징하기 위한 자기 모색의 '출발점'에 다름 아니었던 것입니다.

한국에서 일본이 갖던 이 같은 함의는, 비단 7, 80년대에만 국한되지 않습니다. 본문을 통해 이미 살펴보았듯, 특히 개화기를 전후한 시기부터는 제1장「생존을 위한 궤변 – 방편으로서의 '조선'」이나 제2장「희생자 의식을 통한 인심의 고취 – 방편으로서의 '왜(倭)'」에서와 같은 일종의 주적 개념에서 그치지 않고, 그런 부정적 측면 이상으로 우리 자신의 부족함과 잘못을 비춰주는 '거울'로서의 적극적인 측면이 부각 되면서, '원수/교사'라고 하는 한국 사회

특유의 모순된 일본 상이 자리 잡게 됩니다. 그렇다면 이런 긴 호흡에서의, 그러니까 非서구 후발주자들의 '근대화'라고 하는 사상사적인 맥락에서 본다면 지금 한국에서 유행하는 일본의 부정은 결국 무엇을 의미할까요? 바로 지난 한 세기 반에 걸쳐 '일본'을 매개로 해 구체화해 왔던 식의 근대화 모색이, 그런 시대정신이 마침내 우리 사회에서 종언을 고하게 되었다는 것이겠지요.

그런 의미에서 팬데믹 후 한국은, 흔히 회자 되는 것처럼 코로나 후 세계라는 인류사적 맥락에서의 격변 이상으로, 조선-한국적 근대의 모색이라는 우리 자신의 맥락에서 이제 전혀 새로운 시대로 넘어간 셈입니다. 그렇다면 이제부터 우리는 어찌하면 좋을까요. 에이, 저 선진국들이라고 별것 있던가? K-방역이나 K-POP에서의 성과를 매개로 우리 사회에서는 오히려 그 어느 때보다도 낙관적인 분위기가 퍼져나가고 있는 것 같습니다. 과연 이제 우리는 정말로 선진국의 반열에 들게 된 것일까요? 사실, 이 '선진국'이라는 개념이 정확하게 무얼 의미하는지 자체가 하나의 크나큰 논쟁거리입니다만, 어찌 됐건 이 자부심을 바탕삼아 우리 사회가 제4장 「윤치호에서의 '일본화'의 행방 - '목적'과 '방편'의 전도」에서 살펴보았듯, 그간 우리 선배들이 그토록 절절하게 되뇌던 일본에 대한 '부러움'과 '열패감'에서 이제 전반적으로 벗어나고 있음은 분명해 보입니다.

하지만 문제는, 그러면서도 우리가 여전히 '일본'을 방편 삼아 우리 자신의 가치를 증명하려 든다는 데 있습니다. '일본은 없다', 즉 이러저러한 측면에서 저들이 이제 우리에 미치지 못한다고 해서 그것이 곧 우리가 선진국임을 증명해 주진 않는다는 것은 두말할 나위가 없겠지요. "조선은, 아니 조선만은 소국이어야 한다." 최근 한 연구자가 제국주의 시절 일본이 조선에 대한 비하를 통해 제 가치를 증명하려 했던 방식을 묘사한 표현입니다만, 오늘날 한국에서의 일본에 대한 부정을 방편 삼은 선진국 증명하기 역시 우리가 비판하려는 바로 저 제국 일본이 범했던 오류를 똑같이 되풀이하는 것은 아닐지요(박훈 2023: 180).

다시 '성신'으로

이렇듯, 기존의 방편적 사고에 대한 의존성을 끊는 것만으로도 이미 충분히 까다로운 과제일 터입니다. 그런데 문제는, 이 '방편'이 앞서 제5장「혐한의 시대-'한국'이라는 방편의 부활」에서의 혐한 관련 논의에서 살펴보았듯 두 나라의 대중이라는 새로운 주체들과 결합 되면서, 한일관계에 지금까지 볼 수 없던 양상이 더해지고 있다는 데 있습니다. 예를 들어, 오늘날 두 나라 사이의 으뜸가는 갈등 거리라 할 수 있는 일본군 위안부 문제에 대해 생각해봅시다. 박근혜 정부 시절 현안이 된 이래, 벌써 10여 년의 세월이 흘렀건만 왜 해당 문제는 여전히 협상의 실마리조차 제대로 찾지 못하고 있는 것일까요?

최희식에 따르면 이처럼 공회전이 계속된 까닭은, 한일관계가 '국내 문제화'되어 자국 내에서의 정치적 갈등을 유발하게 된 탓에 양국 정부가 한일관계의 정치 쟁점화를 애써 피해 왔기 때문이라고 지적합니다.

> 오히려 양국 정부는 한일관계 파탄의 원인을 상대국 정부에 전가하여 안도의 한숨을 쉬고 있을지 몰랐다. '적대적 공존'이야말로 이런 상황을 가장 잘 표현해주고 있다. 이러한 양국 정치 리더십의 '적대적 공존'은 국민 여론에 의해 지탱되었다. 한국에서 일본은 '전쟁', '헤이트 스피치', '역사 지우기', '우경화'라는 키워드로 이해되었다. 반면 일본에서 한국은 '중국편승', '일본 무시', '떼쓰기', '고자질 외교'라는 키워드로 이해되었다(최희식: 256).

관계 개선을 추진한다 한들 그리 득 될 것도 없는 상황에서, 아니 오히려 일본 대중 매체의 혐한 비즈니스나 한국 언론의 우경화 프레임에 입각한 일본 때리기처럼 상대에 대한 악마화가 인기를 끄는 상황에서, 그런 비난에 거스르지 않는 쪽이야말로 국내 정치 차원에서의 지지율에 도움이 된다면 진지하게 협상에 임할 이유가 없겠지요. 상대가 백기를 들 때까지 그저 압력만 가하려 하는 오늘날 한일 양국의 서로를 향한 강경한 태도의 배후에는 이 같은 사정이 작용하고 있습니다.

요컨대, 이제 한일관계의 경색은 이전처럼 정부 대 정부의 공식적인 차원에서의 갈등으로서뿐 아니라, '우리' 한국 사람들과 '저들' 일본 사람들 사이의 전면적인 감정싸움이 된 셈입니다. 그런데, 한국에서의 일본에 대한 감정이야 그렇다 치더라도 일본에서는 왜 하필 오늘에 이르러 한국에 대한 인식이 이렇게나 나빠진 것일까요. 동아시아 역내의 상황변화나 사회경제적인 차원에서의 변동 등, 다양한 원인이 복합적으로 작용해서 한일관계 상의 일대 구조적 변화가 일어난 덕분임은 제5장에서 살펴본 대로입니다. 하지만 여기서 특히 주목해 볼 부분은 이 같은 '왜'만큼이나 '어떻게' 쪽입니다. 관련해서 오구라는, 한국에 대한 관심이 증오로 뒤집히는 순간을 이렇게 설명합니다.

> 월드컵 공동 개최 후 2003년에 일본에 '한류'붐이 일어나고...호의적 분위기가 지속되던 때까지는 좋았다. 그런데, 그 후 '한국에 대해 더 알고 싶다'고 생각한 일본인이 한국 주요 신문 인터넷 일본어판을 접한 것이 한국에 대한 인식을 악화시킨 하나의 요인이었다. 한국인은 별로 의식하지 못할지도 모르겠지만, 한국의 신문보도는 참으로 다양한 사항을 '일본과의 대비'라는 구도에서 접근한다. (중략) 이것은 보통의 일본인에게 큰 충격이었다. 나는 "왜 한국 신문에서는 번번이 일본을 비교의 대상, 경쟁 대상으로 삼는가?"란 질문을...정말 많이 받았다. (중략) 그런데 그 비교의 관점이 항상 '한국이 일본보다 앞서야 한다. 일본에 져서는 안 된다. 그러기 위해서는 어떻게 해야 하는가?'라는 것이었기 때문에 보통의 일본인은 매우 불쾌해 했다(오구라: 53-4; 야스다 2013: 184).

시쳇말로 욕하면서 닮는다는 말이 있지요. 한때 한국에 호감을 품었던 일본의 보통 사람들이 혐한으로 뒤틀려 간 과정이 바로 이에 해당하는 셈입니다. 한국 사회가 자신들을 어떻게 밑도 끝도 없이 방편으로 삼는지와 마주친 순간 그토록 불쾌감을 느꼈거늘, 어느새 자신들도 바로 그렇게 한국을 활용하게 된 것이니까요. 일반적으로 우리는 상대와 더 소통하면 할수록 상대를 제대로 '이해'할 수 있게 되리라 여겨왔습니다만 과연 나를 향한 상대의 '악감정'을 깨닫게 되었을 때도 이는 성립할까요? 물론 우리로서야 한국 사회에서의 극일 같은 방편으로서의 일본이 정말 상대를 쓰러트리고야 말겠다는 소리라는 주장을 듣는다면, 그것이야말로 악의에 찬 왜곡이라 답하고 싶어지지요. 하지만 입장을 바꿔 누군가가 사안마다 나를 들먹이며 방편으로 삼고 있음을 알게 되었을 때, 그래도 나는 그런 상대를 신뢰할 수 있다고 자신 있게 말할 수 있을까요.

사실, 한국과 일본 사이의 과거사 문제나 영토 갈등은 솔직하게 말하자면 '완전한' 해결을 볼 수 있는 그런 종류의 문제가 아닙니다. 물론 우리는 일본을 향해 제국주의에 대한 철저한 반성 의사를 밝히고, 이에 입각해 식민지 지배의 불법성을 인정하도록, 그리고 관련된 보상 및 배상 문제를 성의 있게 처리하라고 요구해야 합니다. 그것이 제대로 된 양국 관계의 구축을 위해 나아가야 할 올바른 방향임에는 이론의 여지가 없습니다. 그러나 동시에 현실적으로, 적어도 단시일 내에 그런 완전한 문제의 해결을 기대하기란 어려울 터입니다. 그러면 저들의 반성이 완전하지 않으니 일체 관계를 맺지도, 상종치도 말아야 하는 것일까요. 임진전쟁 후 도쿠가와 막부로부터 통교 요청을 받았을 때 조선의 군신들 역시 마찬가지 고민에 직면하게 되었습니다. 무릇 받은 피해가 얼마이며, 특히 왕조 국가 시절에 역대 국왕의 능침들을 범했다는 것은 결단코 용납될 수 없는 그런 문제였으니까요. 하지만 고민 끝에 일의대수—衣帶水의 떼려야 뗄 수 없는 이웃이라는 지정학적 운명을 고려해, 적당한 거짓 도굴범과 거짓 관련 증거를 꾸며내고, 또 거기에 적당히 속아주는 시늉을 해주며 양국은 그럭저럭한, 하지만 두 세기가 넘는 일찍이 양국 관계에서 유례를 찾아볼 수 없는 긴 평화를 구축할 수 있었습니다.

이런 '불완전한 평화'를 어찌 평가하면 좋을지에 대해서는 사람마다 의견이 다를 터입니다. 이를 판단하는 것은 이 책의 범위를 넘어서는 일이겠지요. 그러나 한 가지 분명한 것은, 완전한 문제해결 상태로 바로 건너뛰어 갈 수는 없다는 점입니다. 문제를 해결하자면 어찌 되었든 불완전한 상태나마 일단 관계를 맺어서 차근차근 함께 노력해 나가는 수밖에 달리 방법이 없겠지요. 물론 이는 눈앞의 이 완전치 못한 관계성에 그저 만족하자는 소리가 아닙니다. 오늘의 이 그럭저럭한 가상적 화해는 오직 제대로 된 양국 관계로 나아가는 중간 단계로서만 정당화될 수 있겠지요. 그리고 바로 이런 맥락에서 앞서 본서의 첫머리에 살펴본 아메노모리 호슈의 성신지교, 즉 현실 속의 갈등을 부정하거나 덮어두지 않고, 오히려 이를 항상 전제한 위에, '바로 그렇기 때문에' 제대로 된 교린交隣, 즉 제 이익을 위해 상대를 희생시키거나 방편으로 삼지 않겠다는 그런 신뢰 관계를 구축하기 위해 성심성의를 다하겠다고 한 문제의식은, 오늘날 한일관계에도 여전히 되돌아볼 필요가 있을 터입니다.

참고문헌

들어가며

아메노모리 호슈, 한일관계사학회 엮음. 2001.『역주 교린제성』. 국학자료원.

신유한, 민족문화추진회 엮음. 1974.「해유록」.『해행총재』I·II. 민족문화추진회.

제1장

공의식. 1991.「일본의 막부말기 명치초기의 조선침략론」『國際問題論叢』4. pp.117- 138.

김태훈. 2014.「인조-효종대 왜정자문의 성격」『역사문화논총』8. pp.35-70.

다보하시 기요시, 김종학 옮김. 2013.『근대 일선관계의 연구』上. 일조각.

로버트 단턴. 주명철 옮김. 2003.『책과 혁명』. 도서출판 길.

이현희. 2006.『정한론의 배경과 영향』. 한국학술정보.

소재영, 장경남 옮김. 2015.『임진록』. 고려대학교 민족문화연구원.

장용걸. 2004.『정한론과 조선 인식』. 보고사.

전상균. 2006.「막말유신기 '정한론'의 전개 과정」.『일본어교육』38. pp.385-402.

조르주 르페브르, 최갑수 옮김. 2002.『1789년의 대공포』. 까치.

현명철. 1994.「일본 막부 말기의 대마주와 소위 '정한론'에 대하여」.『한일관계사연구』2. pp.25-42.

_____. 1998.「정한론은 왜 생겨났나」. 한일관계사학회(編).『한국과 일본, 왜곡과 콤플렉스의 역사』1, 도서출판 자작나무. pp.154-166.

_____. 2000.「1861년 대마주의 이봉요구운동」.『한일관계사연구』12.

pp.118-154.

_____. 2003.『19세기 후반의 대마주와 한일관계』. 국학자료원.

_____. 2013.「대마번 소멸 과정과 한일관계사」.『동북아 역사논총』41. pp.181-214.

石田徹. 2010.「対馬藩における帰属意識と日朝関係認識-訥庵・陶山庄右衛門を中心に」.『明治学院大学国際学部付属研究所年報』13. pp.10-16.

伊藤痴遊. 1942.「木戸孝允 下の2」.『新装維新十傑』5. 平凡社.

色川大吉, 我部政男(監修). 1986.『明治建白書集成』1. 筑摩書房.

岩本善治. 1899.「続海舟余波(七)」.『女学雑誌』494. 女学雑誌社. p.566.

外務省・通信全覧編集委員会(編). 1955.『続通信全覧 類輯之部』37. 雄松堂出版.

木村直也. 1988.「元治元年大島友之允の朝鮮進出建白書について(上)」.『史学』57(4). pp.113-127(625-639).

_____.「文久三年対馬藩援助要求運動について 一日朝外交貿易体制の矛盾と朝鮮進出論」田中健夫(編). 『日本前近代の国家と対外関係』. 吉川弘文館. pp.703-733 .

米谷均. 1995. 「近世日朝関係における対馬藩主の上表文について」.『朝鮮学会』154. pp.15-55.

佐田白茅. 1903.『征韓論の旧夢談』. 佐田白茅.

陶山訥庵.「食兵宗旨」. 滝本誠一(編). 1929.『日本経済叢書』04. 日本経済叢書刊行会.

_____.「対韓雑記」. 滝本誠一(編). 1929.『日本経済叢書』13

関周一 엮음. 2017.『日朝関係史』. 吉川弘文館.

瀧川修吾. 2005.「対馬藩の征韓論に関する比較考察-文久3年・元治元

年・慶應4年の建白書を中心に-」．『日本大学大学院法学研究年報』35. pp.389-420.

田代和生. 2007.『日朝交易と対馬藩』. 創文社.

鶴田啓. 1986.「18世紀後半の幕府・対馬藩関係--近世日朝関係への一視角」．『朝鮮史研究会論文集』23. pp.153-183.

_____. 2007.「朝鮮押えの役はあったか」佐藤真・藤田覚(編)『前近代の日本列島と朝鮮半島』. 山川出版社. pp.189-213.

日野清三郎. 1968.『幕末における對馬と英露』. 東京大学出版会.

松浦桂川.「桂川答問書」. 滝本誠一(編). 1929.『日本経済叢書』26, 日本経済叢書刊行会.

松本智也. 2018.「対馬藩儒満山雷夏の自他認識 :「藩屏」論と「礼」論より」．『立命館文學』655. pp.368-381.

三宅秀利. 2006.『近世の日本と朝鮮』. 講談社.

毛利豊. 1980.「幕末期大島・勝・山田ら合作「征韓論」の形成」．『駒澤史学』27. pp.61- 77.

吉村雅美. 2014.「一八世紀の対外関係と「藩屏」意識―対馬藩における「藩屏」の「役」論をめぐって」．『日本歴史』789. pp.41-58.

제2장

국사편찬위원회. 1986.『주한일본공사관기록』제1권. 국사편찬위원회.

E. J. 홉스봄, 강명세 옮김. 2012.『1780년 이후의 민족과 민족주의』. 창비.

J. 던컨, 정두희外 엮음. 2007.「임진왜란의 기억과 민족의식의 형성」．『임진왜란 동아시아 삼국전쟁』. 휴머니스트,

고전연구실 엮음. 1980.『제봉전서』中・下. 한국학중앙연구원.

국사편찬위원회 엮음. 1999.『統監府文書』9. 국사편찬위원회.

권이진. 2006. 『국역 유회당집』2, 안동권씨유회당파종중.

기무라 간, 김세덕 옮김. 2007. 『조선/한국의 내셔널리즘과 소국의식』. 도서
　　출판 산처럼.

김대환. 1985. 『한국인의 민족의식』. 이대출판부.

김순덕, 이석규 엮음. 2006. 「대한제국 말기 의병지도층의 '국민' 인식」. 『'민'
　　에서 '민족'으로』. 선인.

김자현. 2019. 『임진전쟁과 민족의 탄생』. 너머북스.

노영구. 2004. 「공신선정과 전쟁평가를 통한 임진왜란의 기억」. 『역사와 현
　　실』51. pp.11-35.

송상도, 강원모外 옮김. 2014. 『기려수필1』. 도서출판 문진.

A. D. 스미스, 김인중 옮김, 2016. 『족류-상징주의와 민족주의』. 아카넷.

오인택. 2011. 「조선후기 '충렬공 송상현 서사'의 사회문화적 성격」. 『역사와
　　세계』40. pp.33-70.

오희문, 황교은 옮김. 2019. 『쇄미록』1. 국립진주박물관.

우인수. 2015. 「선비들의 임란 창의정신과 의병활동」. 『퇴계학과 유교문화』
　　56. pp.1-44.

육군사관학교 육군박물관 엮음. 1985. 『육군박물관도록』. 육군박물관.

윤석산 엮음. 2009. 『주해 동학경전』. 동학사.

이규배. 2008. 「임진왜란의 기억과 조선시대의 일본인식」. 『동북아시아문
　　화학회 국제학술대회 발표자료집』.

＿＿＿. 2012. 「조선시대 적대적 대일인식에 관한 고찰」. 『군사』84.
　　pp.29-57.

장한철. 정병욱 옮김. 1993. 『표해록』. 범우사.

정구복. 2011. 「『亂中雜錄』의 사학사적 고찰」. 『한국사학사학보』23. pp.77-144.

조경남. 1982. 「난중잡록」. 『국역 대동야승』6·7. 민족문화추진회.

충렬사안락서원 엮음. 1997. 『충렬사지』. 사단법인 충렬사안락서원.

하우봉. 2006. 「조선 후기 한국과 일본의 상호인식」. 『한국사상사학』27. pp.27-65.

허 준. 2020. 「조선 전기 공동체 정체성의 형성」. 『한국학연구』56. pp.401-431.

제3장

강정인. 2013. 『넘나듦通涉의 정치사상』. 후마니타스.

박노자. 2009. 『씩씩한 남자 만들기』. 푸른 역사.

박은식. 1907. 「文弱之弊는 必喪其國」. 『서우』제10호.

박지향. 2004. 『일그러진 근대』. 푸른역사.

Z. 볼피첼리, 유영분 옮김. 2009. 『구한말 러시아 외교관의 눈으로 본 청일전쟁』. 살림출판사.

M. 브란트, 김종수 옮김. 2009. 『격동의 동아시아를 걷다: 독일 외교관의 눈에 비친 19세기 조선, 중국, 일본』. 살림출판사.

안 확. 1994. 「朝鮮武士英雄傳」(1919). 『自山安廓國學論著集』(1). 여강출판사.

윤소영. 2004. 「한말기 조선의 일본 근대화 논리의 수용-'和魂'論과 '国魂'論의 비교를 통하여」. 『한국근현대사연구』29집. pp.138-173.

최석하. 1906. 「朝鮮魂」. 『太極學報』.

タウンセンド, 高橋亨 訳. 1905. 『亜細亜ノ将来』. 金港党書籍株式会社.

ルーズベルト. 成功雑誌社 訳. 1904. 『奮闘的生活』. 成功雑誌社.

德富蘇峰. 1930. 「将来の日本」. 『德富蘇峰集(現代日本文学全集第四編)』. 改造社.

武陽隠士. 1994. 『世間見聞録』. 岩波書店.

尾崎行雄. 1893. 『内地外交』. 博文堂.

_____. 1926. 「尚武論」. 『尾崎行雄全集』第一巻. 平凡社.

富春漁父. 1885. 「人情変遷論」. 『読売新聞』. 12/09-13.

船津明生. 2003. 「明治期の武士道についての一考察」. 『言語と文化』4集. pp.17-32.

前田　勉. 2006. 『兵学と朱子学・蘭学・国学』. 平凡社.

津田左右吉. 1990. 『文学に現はれたる我が国民思想の研究』(七)・(八). 岩波書店.

L. Alton. 1907. *The White Man's work in Asia and Africa*. Longmans, Green and co.

O. Benesch. 2014. *Inventing the Way of the Samurai*. Oxford Univ. Press.

B. H. Chamberlain. 1912. *The Invention of a New Religion*. Rationalist Press.

T. Dennett. 2005. *Roosevelt and the Russo-Japanese war; a critical study of American policy in eastern Asia in 1902-5, based primarily upon the private papers of Theodore Roosevelt*. Univ. of Michigan Library.

C. Gluck. 1998. "The Invention of Edo." Stephen Vlastos ed, *Mirror of Modernity: Invented Traditions of Modern Japan*. Univ. of California Press. pp.262-284.

W. E. Griffis. 1903. *The Mikado's Empire*. Harper & Brothers.

Y. Hashimoto. 2006. "White Hope or Yellow Peril?." David Wolff ed. *The Russo-Japanese War in Global Perspective v.II.* Brill.

C. Holmes and I. H. Ion. 1980. "Bushido and the Samurai." *Modern Asian Studies* 14(2), pp.309-330.

A. M. Knapp. 1897. *Feudal and Modern Japan* v.1. Joseph Knight Company.

J. P. Lehmann. 1984. "Old and New Japonisme: The Tokugawa Legacy and Modern European Images of Japan." *Modern Asian Studies* 18(4), pp. 757-768.

G. Lynch. 1901. *The War of the Civilizations: Being the Record of a Foreign Devil's Experiences with the Allies in China.* Longmans, Green, and Co.

J. A. Mangan and J. Walvin. 1987. "Introduction." J. A. Mangan and J. Walvin ed. *Manliness and Morality - Middle-Class masculinity in Britain and America 1800-1940.* Manchester Univ. Press.

Nish, Ian. 1997. Britain & Japan: Biographical Portraits v.II. Folkestone: Japan Library.

I. Nitobe. 1908. *Bushido, The sould of Japan.* Teibi Publishing Company.

T. Roosevelt. 1903. *The Strenuous Life Essays and Addresses.* Grant Richards.

E. A. Rotundo. 1987. "Learning about manhood: gender ideals and the middle-class family in nineteenth-century America." Mangan, J.A. and James Walvin ed. *Manliness and Morality - Middle-Class* masculinity in Britain and America 1800-1940. pp.35-51. Manchester Univ. Press.

J. Tosh. 2005. *Manliness and Masculinities in Nineteenth-Century Britain.* Pearson Longman.

M. Townsend. 1903. *Asia & Europe.* Archibald Constable & Co. Ltd.

"Notices of Publications." *The Gentleman's Magazine v. CCCIII*, January to June 1907.

"The Soul of a Nation." Evening Post, 17 December 1904.

제4장

가라타니 코오진, 권기돈 옮김. 1998. 『탐구2』. 새물결.

길진숙. 2004. 「『독립신문』·『매일신문』에 수용된 '문명/야만'담론의 의미 층위」. 『국어국문학』136. pp.321-353.

김도형. 1994. 『대한제국기의 정치사상연구』. 지식산업사.

김명구. 2015. 「아산의 해평 윤씨 윤치호」. 『교회사학』14(1). pp.45-81.

김상태 편역. 2005. 『윤치호 일기 1916-1943』. 역사비평사.

김원모. 2009. 『영마루의 구름 : 春園 李光洙의 親日과 民族保存論』. 단국대출판부.

R. 단턴, 주명철 옮김. 2003. 『책과 혁명』. 도서출판 길.

류대영. 2005. 「한말 기독교 신문의 문명개화론」. 『한국 기독교와 역사』22. pp.5-44.

류충희. 2015. 「윤치호의 계몽사상과 기독교적 자유」. 『동방학지』171. pp.37-71.

마루야마 마사오, 김석근 옮김. 2007. 『『문명론의 개략』을 읽는다』. 문학동네.

E. H. 바르텍. 2016. 『조선, 1894년 여름 오스트리아인 헤세-바르텍의 여행기』. 도서출판 책과 함께.

박상기. 2005. 「탈신민지주의의 양가성과 혼종성」. 고부응(편). 『탈식민주의 -이론과 쟁점』. 문학과 지성사.

박지향. 2004. 『일그러진 근대』. 푸른 역사.

_____. 2010. 『윤치호 협력일기』. 다숲.

박찬승. 1992. 『한국 근대정치사상사연구 : 민족주의 우파와 실력양성 운동론』. 역사비평사.

유영렬. 2011. 『개화기의 윤치호 연구』. 경인문화사.

윤치호. 1973-6. 『윤치호 일기』(1)~(6). 국사편찬위원회.

이광수. 1972. 「나의 고백」. 『이광수전집』7. 삼중당.

이원영. 1997. 「문명사관과 문명사회론: 유길준의 서유견문을 중심으로」. 『한국정치학회보』 30(4). pp.135-152.

米原謙. 2003. 「일본에서의 문명개화론: 후쿠자와 유키치와 나카에 쵸민을 중심으로」. 『동양정치사상사』2(2). pp.209-227.

佐翁尹致昊先生稀年記念會. 1934. 『佐翁尹致昊先生略傳』. 基督敎朝鮮監理會總理院.

정용화. 2004. 『문명의 정치사상: 유길준과 근대 한국』. 문학과 지성사.

정선태. 2003. 『심연을 탐사하는 고래의 눈 - 한국 근대문학의 형성과 그 외부』. 소명출판.

쿤 데 괴스테르. 1995. 「尹致昊의 親日協力에 對한 再評價」. 윤치호, 윤경남 역. 『국역 佐翁 윤치호 서한집』. 호산문화.

大川周明. 1939.『日本二千六百年史』. 第一書房.

加藤弘之. 1887.「徳育に付ての一案」.『大日本教育会雑誌』第六十八号.

鈴木修治. 1981.『文明のことば』. 文化評論出版株式会社.

タウンセンド, 高橋亨 옮김. 1905.『亜細亜ノ将来』. 金港堂.

デイヴィッド・チデスター, 沈善瑛・西村明 옮김. 2010.『サベッジ・システム－植民地主義と比較宗教』. 青木書店.

広田照幸. 1997.『陸軍将校の教育社会史－立身出世と天皇制教育』. 世織書房.

福沢諭吉. 1959.「文明論之概略」,『福沢諭吉全集』4. 岩波書店.

＿＿＿＿. 1959.「民情一新」,『福沢諭吉全集』5. 岩波書店.

ルーズベルト, 成功雑誌社 옮김. 1904.『奮闘的生活』. 成功雑誌社.

渡辺浩. 2010. 『日本政治思想史－十七~十九世紀』. 東京大学出版部.

R. Mackenzie. 1889. *The 19thCentury A History*. Thomas Nelson and Sons.

K. Marx and F. Engels. 2022. *The German Ideology*. Foreign Languages Press.

H. Bhabha. 1994. "Remembering Fanon: Self, Psyche, and the Colonial Condition." In P. Williams & L. Chrisman, ed. *Colonial discourse and post-colonial theory: a reader*. Harvester Wheatsheaf.

제5장

김성민. 2019.『한일/대중/문화 '65년 체제'를 넘어서』. 제이앤씨.

노윤선. 2019.『혐한의 계보』. 글항아리.

다카하라 모토아키, 정호석 옮김. 2007.『한중일 인터넷 세대가 서로 미워하는 진짜 이유』. 도서출판 삼인.

문연주. 2017.「인종차별적 혐오표현에 대한 일본사회의 법제도적 대응 : 오사카조례의 성립과 구현을 중심으로」.『일본학』44. pp.105-132.

미마키 세이코, 김민 옮김. 2018.『'전쟁을 모르는 세대'는 어떻게 전쟁을 기억해야 하는가?』. 제이앤씨.

야스다 고이치, 김현욱 옮김. 2013.『거리로 나온 넷우익 - 그들은 어떻게 행동하는 보수가 되었는가』. 후마니타스.

야스다 고이치外, 최석완外 옮김. 2015.『일본 넷우익의 모순 -우국이 초래하는 '망국'의 위험-』. 도서출판 어문학사.

야스다 고이치, 이재우 옮김. 2019.『일본 '우익'의 현대사』. 도서출판 오월의 봄.

애미티 슐래스, 위선주 옮김. 2010.『잊혀진 사람들 -다시 쓰는 경제위기의 역사』. 웅진 씽크빅.

오구라 기조, 한정선 옮김. 2015.『일본의 혐한파는 무엇을 주장하는가』. 제이앤씨.

小倉紀蔵. 2005.『韓流インパクト ルックコリアと日本の主体化』. 講談社.

言論NPO・東アジア研究院. 2013.『第一回日韓共同世論調査 日韓世論比較分析結果』.

이원희. 2010.『웹시대의 지성』. 도서출판 말글빛냄.

이졸데 카림, 이승희 옮김. 2019.『나와 타자들』. 민음사.

제레미 월드론, 홍성수外 옮김. 2017.『혐오표현, 자유는 어떻게 해악이 되는가?』. 도서출판 이후.

川本隆史. 2008.『共生から』. 岩波書店.

카롤린 엠케, 정지인 옮김. 2017. 『혐오사회 −증오는 어떻게 전염되고 확산되
　　는가』. 다산 지식하우스.

沢田克己. 2020. 『反日韓国という幻想』. 毎日新聞出版.

프랜시스 후쿠야마, 이수경 옮김. 2020. 『존중받지 못하는 자들을 위한 정치
　　학』. 한국경제신문 산경BP.

B. Levin. 2009. "The Long Arc of Justice: Race, Violence, and the
　　Emergence of Hate Crime Law," pp. 1-22. In B. Perry(general ed.).
　　B. Levin(volume ed.). *Hate Crimes vol. 1 Understanding and
　　Defining Hate Crime*. Praeger Publishers.

나오며

박　훈. 2023. 『위험한 일본책』. 어크로스.

최희식. 2016. 『전후 한일관계 70년 우리는 어떻게 갈등을 극복해 왔나?』.
　　도서출판 선인.

E. F. Vogel. 1980. *Japan as number one*. Harper Colophon Books.

인명색인

주요개념